KB081102

니체처럼 사랑하고
세네카처럼 현명하게

▶ 이 책의 사례에 등장하는 인물의 이름은 모두 가명이며, 이해를 돕기 위해 여러 인물의 사연을 합치고 각색했습니다.

지혜롭게 나이 드는 삶의 철학 ────────

니체처럼 사랑하고
세네카처럼 현명하게

윤지원 지음

인생에 한 번쯤은
꼭 만나야 할
철학자들을 찾아서

살다 보면 문득 양 어깨가 무겁게 짓눌리는 느낌을 받는 날이 있습니다. 예상치 못했던 불운으로 발밑이 꺼지는 것처럼 인생이 휘청이는 날도 있고, 남과 비교하다 꿈과 희망을 모두 잃고 자책하기도 합니다. 남은 생을 어떻게 살아야 하나, 암처럼 큰 병에 걸리면 어쩌나, 예고 없이 죽게 되면 어떻게 해야 하나 등등 수많은 고민으로 머릿속이 복잡해지기도 합니다.

인생은 혼자 걸어가야 하는 길이지만, 가끔 이렇게 방향을 잃곤 합니다. 어느 쪽으로 나아가야 할지, 어떻게 하면 진정한 행복을 찾을 수 있을지 고민하는 순간들이 반드시 찾아옵니다. 더없이 막막한 어느 날은 '인생에도 매뉴얼이 있었으면 좋겠다'라는 생각을 합니다. 또는 내가 지금 하는 이 고민들을 누군가 대신하고 답까지 내려 주면 좋겠다는 생각도 합니다.

니체, 키르케고르, 한나 아렌트, 하이데거, 사르트르, 스피노자, 플라톤, 시몬 베유, 쇼펜하우어, 존 스튜어트 밀, 데카르트, 몽테뉴…. 지금 우리가 하는 고민들은 과거에 이 수많은 철학자가 했던 고민과 다르지 않습니다.

우리보다 앞서 살았던 지혜로운 그들은 인생의 문제들을 어떻게 생각하고 어떤 결론을 내렸을까요?

"당신이 철학을 배우면 좋겠습니다"

일찍이 쇼펜하우어는 인생을 일컬어 "고통과 권태를 왔다 갔다 하는 시계추"라고 말했습니다. 그렇다면 인생을 조금이라도 더 잘 살아 보고 싶을 땐 어떻게 해야 할까요? 저는 이런 질문을 받으면 늘 철학책을 추천하곤 합니다.

철학은 영어로 'philosophy'입니다. 필로소피는 그리스어인 필로소피아(philosophia)에서 유래되었습니다. 필로(philo)는 '사랑하다'라는 뜻이고, 소피아(sophia)는 '지혜'를 뜻합니다. 다시 말해, 필로소피아는 지(知), 앎을 사랑하는 것이고, 철학은 앎을 사랑하는 학문이라는 뜻입니다. 철학의 가장 큰 힘은 거울처럼 우리를 비추며 자기 성찰과 자기 발견을 유도하는 능력을 키운다는 것입니다. 이 힘을 이용하여 우리는 자신의 삶과 신념, 선택을 살펴보는 성찰의 눈을 키울 수 있습니다.

칸트는 "철학을 배우지 말고 철학적으로 생각하는 법을 배우라"라고 말합니다. 스스로 생각하는 법을 배우고 자신의 두 발로 서라는 의미입니다. 철학은 우리가 가정한 것에 의문을 제기하고, 익숙한 확신의 편안함을 허물고, 불확실한 미지의 것에 맞서도록 격려합니다. 나아가 끊임없이 질문하도록 하고, 환상으로 가득 찬 세상에서 진리를 추구하도록 독려합니다.

수천 년 전에 살았던 철학자들의 생각과 깨달음은 지나간 시대의 유물이 아니라 우리 삶을 조명하고, 우리에게 영감을 주는 힘을 지닌 '살아 숨 쉬는 지혜'입니다. 일상을 바라보는 새로운 시각을 열면 우리 자신과 주변 세계에 대한 이해를 바꿀 수 있는 통찰력으로 연결될 것입니다.

생각의 거인들에게서 듣는 인생 매뉴얼

《니체처럼 사랑하고 세네카처럼 현명하게》는 단순히 철학 사상을 나열한 책이 아닙니다. 이론을 설명하고 이해시키는 데 가장 큰 목적이 있는 것이 아니라 그들이 제공하는 지혜를 바탕으로 우리 자신과 세상을 연결하는 법을 제시하고자 합니다. 우리의 삶에서 가장 많은 사람이 고민하고, 가장 많은 부분에서 해답을 찾고자 헤매는 바로 그 이야기들을 모았습니다.

'니체처럼 사랑하라'에서는 니체, 오컴, 베유, 플라톤, 비트겐슈타인의 철학을 통해 다른 것들에 주도권을 빼앗겼던 내 삶의 주인이 되는 법을 이야기합니다. 어떤 선택을 하는 게 좋을지, 복잡한 문제를 맞닥뜨리면 어떻게 해야 할지, 발붙일 단단한 땅이 없을 때는 어떻게 할지, 선입견으로 좁아진 시야를 넓히는 방법은 무엇일지, 내 세계를 확장하는 가장 손쉬운 방법은 무엇인지 이야기합니다. 내 삶을 사랑하고, 그 지평을 넓히는 법을 알게 될 것입니다.

'아리스토텔레스처럼 생각하라'에서는 아리스토텔레스, 머독, 데리다, 프롬, 부버의 철학을 통해 관계를 다스리는 법을 이야기합니다. 더불어 함께 사는 삶은 어떻게 완성하는 것인지, 어떻게 하면 서로를 깊이 이해할 수 있을지, 용서할 수 없는 일이 생기면 어떻게 해야 하는지, 타인을 사랑하는 기술은 무엇일지, 진정한 존중이란 무엇인지 알려 줍니다. 깊은 사고를 통해 더불어 사는 삶의 즐거움을 깨닫게 될 것입니다.

'쇼펜하우어처럼 버려라'에서는 키르케고르, 쇼펜하우어, 에피쿠로스, 데카르트, 프랭클의 철학을 통해 고통에 주저앉지 않는 법을 이야기합니다. 내가 기계 속 부품이 된 것처럼 느껴질 때, 도저히 집착을 버릴 수 없을 때, 자꾸 남과 비교만 하게될 때, 줏대 없이 타인에게 휘둘리기만 할 때, 불행한 일들이 연속으로 일어날 때 우리가 어떤 삶의 자세를 지녀야 하는지 배울 수 있을 것입니다.

'몽테뉴처럼 질문하라'에서는 아렌트, 몽테뉴, 슈클라, 하버마스, 레비나스의 철학을 통해 나를 나답게 만드는 법을 이야기합니다. 생각하는 것이 얼마나 중요한 일인지, 편견을 버리려면 어떻게 해야 할지, 공감과 연민이 중요한 이유는 무엇인지, 올바른 의사소통이 삶에 어떤 영향을 미치는지, 타인의 고통을 외면하지 말아야 하는 이유 등을 깨닫게 됩니다. 이를 통해 남에게 휘둘리지 않는 나다운 나를 발견하게 될 것입니다.

'칸트처럼 행복하라'에서는 밀, 사르트르, 장자, 에픽테토스, 칸트의 철학을 통해 불안에 흔들리지 않는 법을 이야기합니다. 내가 잘 살고 있는지 어떻게 점검할지, 삶의 목적은 어디서 찾아야 할지, 이 세상에서 자신의 가치와 쓸모는 무엇인지, 어떻게 하면 편안한 마음을 가질 수 있는지, 행복하려면 어떻게 해야 하는지에 대한 철학자들의 답변을 들려 줍니다.

마지막으로, '세네카처럼 선택하라'에서는 세네카, 하이데거, 퀴블러 로스, 보부아르, 스피노자의 철학을 통해 의미 있는 삶을 사는 가장 확실한 방법을 이야기합니다. 우리가 죽음을 두려워하는 이유는 무엇인지, 죽음의 공포는 어떻게 다스릴지, 가족과의 사별은 어떻게 받아들일지, 지혜롭게 나이 드는 법은 무엇인지, 이 삶을 가치 있게 살려면 어떻게 할지 알려 줍니다.

철학이 모든 문제를 무조건 해결해 줄 만능열쇠는 아닙니다. 하지만 이 책에서 만나게 될 철학자들의 생각을 통해 상처받지 않는 단단한 마음, 만약 상처받더라도 금방 회복할 수 있는 힘, 흔들리지 않는 삶, 중심을 잃더라도 금세 균형을 맞출 수 있는 지혜를 터득하게 될 것입니다.

철학이라는 이름 아래, 이 책은 우리의 삶에 새로운 시각을 권하고, 풍요와 깊이를 더해 줄 것입니다. 우리가 직면한 작은 고민부터 큰 결정까지, 철학자들의 사유가 내면과 깊게 공명하며 자신만의 인생의 해답을 찾는데 커다란 도움이 되어 줄 것입니다. 30명의 철학자의 사상이 일상에 스며들어 더욱 의미 있고 가치 있는 삶을 살아가는 데 도움을 줄 길잡이가 되기를 바랍니다.

윤지원

차 례

4장 몽테뉴처럼 질문하라
나를 나답게 만드는 법

5장 칸트처럼 행복하라
불안에 흔들리지 않는 법

6장 세네카처럼 선택하라
가치 있는 인생을 사는 법

1장

니체처럼
사랑하라

내 삶의 주인이 되는 법

운명을
사랑하는 법

니체의 위버멘쉬

'왜' 살아야 하는지를 아는 사람은
그 어떤 상황도 견딜 수 있다.

_ 프리드리히 니체

　사람은 인생을 살며 다사다난한 경험을 합니다. 거기엔 작고 소소한 경험도 있고, 일상의 큰 부분이 완전히 변화하는 사건도 있습니다. 낯설고 먼 곳으로 이사를 가거나, 부모님께 용돈을 받아서 쓰던 시절을 졸업하고 스스로 돈을 버는 사회인이 되기도 하죠. 결혼하고 아이를 낳아 새로운 가족이 생길 수도 있습니다. 수십 년을 친하게 지내다 하루아침에 원수처럼 갈라선 친구도 있을 수 있고, 믿었던 사람에게 뒤통수를 맞는 일도 있을지 모릅니다.

　그렇다면 여러 가지 사건 중 우리의 인생을 완전히 뒤바꾸어 놓을 만한 커다란 사건으로는 어떤 게 있을까요? 몇 가지 떠오르는 게 있겠지만, 인생에 가장 큰 자국을 남기는 사건은 아마도 사랑하는 가족의 죽음이 아닐까 합니다.

강연을 다니다 알게 된 명숙 씨도 그랬습니다. 막 50대가 된 무렵, 젊어서 승승장구하던 남편이 사업 실패 후 시름시름 앓다가 홀연히 세상을 떠난 것입니다. 엎친 데 덮친 격으로 사업 파트너가 남편의 죽음 이후 터무니없는 이유로 돈을 요구했습니다. 화려하지는 않아도 남들만큼은 행복을 누리며 살았다고 생각했던 명숙 씨는 이 일로 생각이 많아졌다고 합니다.

일련의 사건을 겪으며 명숙 씨에게 변화가 생겼습니다. 자신의 사람 보는 눈이 잘못되거나 너무 모자란 것은 아닌지 걱정이 되기 시작한 것입니다. 또, 그동안 자신이 생각하던 삶의 기준들이 틀렸던 것은 아닐까 하는 회의도 생겼습니다. 마치 인생 전부가 흔들리는 기분이 들고, 남은 생의 모든 것이 막막하고 허무해졌다고 말했습니다.

살다 보면 문득 생각지도 못했던 때에 평온하던 인생에 돌하나가 떨어진 것처럼 파동이 생기기도 합니다. 이럴 때는 앞으로 어떻게 살아야 할지 막막해지고, 때로는 미래를 생각하다 숨이 턱 막히기도 합니다. 그동안 믿었던 선악의 기준과 삶의 기준으로 삼았던 가치가 부정당할 때 우리의 삶은 크게 흔들립니다. 딛고 있던 땅이 무너지는 듯한 기분이 들며 존재가 부정당한 것 같다고 느끼게 되죠.

흔들리는 마음과
니힐리즘

인생의 커다란 사건을 겪은 사람은 세상을 바라보는 시선이나 옳고 그름의 기준에 대한 확신이 사라지곤 합니다. 그래서 일상도 불안해지고 나아가 인생 전체가 흔들립니다.

"지금까지 인생을 잘못 살았나?"
"앞으로 누구를 믿고 무엇을 목적으로 살아야 할지 모르겠어."
"이제 어떻게 살아야 할까?"

이렇게 기성 가치를 부정하는 견해를 '니힐리즘(nihilism)'이라고 합니다. 이 단어는 라틴어 'nihil(無, 허무, 공허, 무가치한 것)'에서 유래되었기에, 다르게 표현하자면 '허무주의'라고도 부를 수 있습니다.

18세기 독일의 철학자 프리드리히 하인리히 야코비가 〈피히테에게 보내는 편지(Brief an Fichte)〉에서 사용한 적이 있고, 19세기 러시아의 작가인 이반 세르게예비치 투르게네프가 자신의 대표작인 《아버지와 아들》의 주인공 바자로프를 니힐리스트로 묘사하며 널리 보급되었다고 추정됩니다.

러시아에서의 니힐리즘의 의의와 서유럽에서 시작되어 지금까지 활발하게 쓰이는 니힐리즘의 의의는 '기존 가치의 부정'

이라는 점에서 결을 나란히 하지만, 역사적인 의미로 들여다보면 조금 다릅니다. 오늘날 우리가 일반적으로 아는 니힐리즘은 서유럽에서 시작한 것으로, 식민지 정복이 활발했던 제국주의 시대를 배경으로 합니다. 이때는 계급 간의 대립이 격렬해지고 유럽의 문명에 위기가 심화되었습니다.

이 서유럽적 니힐리즘의 대표 주자인 철학자로는 프리드리히 니체(Friedrich Nietzsche)를 들 수 있습니다. 니체는 니힐리즘을 '최고의 가치들의 가치 상실화'이라고 정의했습니다. 즉, 진리나 선이라는 최고 가치가 종래 가지고 있던 그 실질을 상실하는 역사 과정이 니힐리즘이라는 것입니다.

명숙 씨가 생각했던 인생의 가치가 박탈당한 것과 그 결을 같이 한다고 볼 수 있는 지점입니다. 지금 이런 입장에 놓였다면, 이제부터는 현재의 상황을 온전히 바라보고, 자신의 상태를 제대로 파악해서 흔들리는 마음과 일상을 어떻게 단단히 잡을지 생각해야 합니다.

이렇게 삶이 흔들릴 때 우리에게는 다음과 같은 두 가지 선택지가 있습니다.

① **수동적 니힐리즘**: '지금까지 믿었던 것은 전부 잘못됐어! 이제 다 소용없어!'라고 생각하며 손을 놓아 버리는 것
② **능동적 니힐리즘**: '지금까지의 가치가 잘못됐다면 나만의

'새로운 가치를 만들자!'라고 생각하는 것

그동안 살아오면서 갈림길에 서 본 경험이 있다면 어떤 선택을 했었나요? 또한, 앞으로 갈림길을 만난다면 어떤 선택을 할건가요?

우리나라에서 리메이크하기도 한 영화 〈리틀 포레스트〉 일본 편의 주인공 이치코가 바로 갈림길에 선 사람입니다. 고등학교를 졸업하고 도시로 나가서 살았던 이치코는 목적한 바를 이루지 못하고 상처 입은 동물이 피난처로 숨어들 듯이 고향 코모리로 돌아옵니다.

서둘러 돌아온 고향에 머무는 한여름 동안 이치코의 마음은 수많은 생각이 뒤섞여 마치 탁한 수유 열매 잼 같습니다. 가을 즈음에는 드문드문 맑은 부분도 보이지만 전반적으로 구름이 뒤덮여 있는 하늘처럼 변해 갑니다. 겨울이 되면서 이치코의 마음은 먹구름과 맑은 하늘이 딱 반반 나뉜 것처럼 큰 결정을 눈앞에 두게 됩니다. 드디어 갈림길 앞에 서게 된 거죠.

이치코는 수없이 흔들리고 기존의 생각들을 부정하다가 결국은 자신만의 새로운 가치를 만들기로 결심합니다. 코모리에서 봄에 감자를 심는 것은 다가올 한 해를 코모리에서 잘 보낼 것이며 돌아올 겨울을 준비한다는 의미입니다. 그런데 이치코는 여름, 가을, 겨울을 지나 막 도착한 봄에 감자를 심지 않습니다. 그동안 흔들리던 마음을 다잡고 드디어 코모리를 떠날 결심을 한 것이죠.

이치코가 겪는 감정 변화는 우리에게 많은 것을 시사합니다. 우리도 언젠가 한 번쯤은 겪었을 법한 심리 상태의 변화를 아주 잘 보여 주거든요. 영화는 여름부터 가을, 겨울, 봄으로 이어지는 계절의 변화에 따라 주인공의 심리가 어떻게 변하는지 계절마다 해 먹는 요리와 독백을 통해 보여 줍니다.

초인, 자기 자신을 극복하라
아모르 파티, 운명을 사랑하라

니체는 《차라투스트라는 이렇게 말했다》를 통해 "생명은 스스로 나에게 이런 비밀을 말했다. 나는 반드시 늘 나 자신을 초월해야 한다"라고 말했습니다. 허무주의의 대표자인 니체는 우리에게 삶이 흔들리고 고단해도 허무에 빠지지 말고 적극적으로 삶을 긍정하고 책임지라고 말합니다. 자기 자신을 극복하는 인간인 '위버멘쉬(Übermensch)', 즉 '초인'이 되라고 말이죠.

니체가 말하는 초인은 슈퍼맨 같은 초능력자를 말하는 게 아닙니다. 보통은 영어로 초인을 쓸 때 'superman'으로 번역하지만, 니체가 말한 초인은 'overman'으로 번역합니다. 말 그대로 '넘어서는 사람'이라는 의미입니다. 그래서 의미를 오해할 여지가 있는 초인보다는 위버멘쉬라는 단어를 그대로 사용하기도 합니다.

니체는《차라투스트라는 이렇게 말했다》에서 초인을 '생명력이 넘쳐 나고 지성과 긍지로 가득 차 있어서 자신의 한계에 끝없이 도전하며, 그 결과 자신을 높은 경지로 끌어올리는 사람'이라고 설명합니다. 즉, 니체가 말하는 초인은 남이 만들어놓은 가치를 따르는 것이 아니라 자신만의 가치를 새롭게 창조해 내는 사람이자 자신의 한계를 극복하는 사람입니다.

그런데 아이러니하게도 니체가 생각하는 위버멘쉬의 핵심은 바로 '몰락'입니다. 이상하죠? 극복하는 사람이라면서 왜 몰락일까요? 여기서 말하는 몰락은 우리가 흔히 아는 파멸(破滅)을 뜻하지 않습니다. 자신을 둘러싼 외부환경을 재창조하기 위한 개념으로써의 몰락을 말하는 것입니다. 다시 말해, '창조적 파괴'라는 뜻입니다. 금이 가고 있는, 또는 무너지고 있는 건물을 조금씩 보수하는 게 아니라 아예 부수고 새로운 건물을 지어버리는 거죠. 그러기 위해서 부수는 작업, 그러니까 창조적 파괴는 필수입니다.

앞에서 말한 영화〈리틀 포레스트〉일본 편의 주인공인 이치코의 엄마 후쿠코는 책을 좋아합니다. 책장에는 늘 책이 가득했지요. 평소에 책에 관심이 없던 이치코는 어느 날 엄마의 책장에 꽂힌 책을 읽기 시작합니다. 그러자 후쿠코는 책장에 있던 책을 다 팔아 버려요. 자신이 읽을 책은 스스로 찾으라면서 말이죠. 왜일까요? 어떻게 보면 괴팍해 보이고 이상한 행동입니다.

그런데 이렇게도 생각해 볼 수 있어요. '이치코의 엄마 후쿠코는 향상심이 있는 사람, 자신을 극복해 내고 싶은 사람이 아닐까?'라고요. 그는 시골 마을에서의 반복되는 생활 속에서 나아지고 성장하는 기분을 느끼지 못해서 괴로워 하다가 결국 이치코를 두고 떠납니다. 지금의 자신을 극복하고 싶어 고군분투하는 후쿠코는 이치코의 엄마이기 이전에 한 존재로서의 자신을 바라봅니다. 그리고 자신의 딸인 이치코도 그러하기를 바라는 마음이고요. 스스로 책을 찾으라는 말도 그 마음과 연결됩니다.

니체는 스위스의 실바플라나 호반을 산책하다가 이 세계가 영원히 반복된다는 개념인 '영원회귀(영겁회귀)'를 생각해 냅니다. 세계의 물질량이 보존되고 시간이 무한하다면, 우리가 사는 세계와 완전히 똑같은 원자의 조합이 무한한 시간 속에서 무한회에 걸쳐 반복된다는 개념입니다.

니체에게 역사는 진보나 전진 없이 원환 운동을 하며 시간 속에서 변화할 뿐입니다. 무한한 시간이므로 과거에도 몇 번이나 반복됐을 것이고 앞으로도 몇 번이나 반복해서 일어날 조합에 불과합니다. 그렇기에 삶이 힘들고 고난이 가득해도 어차피 반복될 예정이라면 영원히 반복되는 내 운명을 더욱 사랑스럽게 만들기 위해 '아모르 파티(amor fati, 운명을 사랑하라)' 하라는 것입니다. 다시 말해, 운명을 개척하고 영원히 반복되더라도 후회하지 않을 삶을 만들라는 의미입니다. 아무리 고통스럽고 운명의 신이 저주하는 것 같은 순간을 만날지라도 어떻게든 이겨 내고 극복하라고 말합니다.

영화 〈리틀 포레스트〉의 이야기가 니체의 초인을 말하기에 소소해 보일 수 있습니다. 하지만 한 인간이 자신의 세상이 무너짐을 겪었다가 극복하여 자신만의 새로운 세상을 만드는 과정을 보여 주는, 즉 이치코의 변화 과정은 니체의 초인과 아모르 파티를 잘 보여 줍니다. 우리의 삶도 그렇지 않나요? 남들이 볼 때는 별거 아닌 듯 보이는 일상이지만, 개개인의 삶은 결코 호락호락하지 않습니다.

아무 걱정 없어 보이는 이의 삶도 들여다보면 고통 없는 인생이라고 부를 수 없습니다. 하루하루를 살아가면서 무수히 많은 흔들림 속에서 무너지지 않으려면 니체의 말처럼 위버멘쉬가 되는 수밖에 없을 것 같습니다. 인생은 게임처럼 리셋하고 다시 시작하는 것이 불가능하지요. 그렇다면 이 삶이 영원히 반복되더라도 후회하지 않을 선택을 하고 이미 나에게 다가온 운명을 사랑하면서 극복해 내는 게 가장 이상적일 것입니다.

삶은 고되고 슬프지만 오히려 어려운 순간을 겪으며 누가 진짜 친구인지 누가 진짜를 가장한 가짜인지 알게 됩니다. 나아가 실패가 아니라 좋은 경험을 했으며, 더 나은 삶으로 나아가는 과정이라고 생각할 수 있게 됩니다. 생각이 바뀌면 흔들리고 금이 간 건물과도 같았던 일상을 부수고 다시 아름답게 지을 힘이 생깁니다.

어차피 이 삶이 영원히 반복된다면 오히려 이 시련을 멋지게 이겨 내고 싶어지지 않나요? 불행을 멋지게 극복한 기회를 거름 삼는다면 새롭게 지은 건물이나 새로 심은 나무처럼 튼튼하게 우리의 인생을 지탱해 줄 것입니다.

프리드리히 니체 1844~1900

독일 출신의 철학자. 서구의 전통을 깨고 새로운 가치를 세우고자 했기에 '망치를 든 철학자'라는 별명이 있다. 전체주의, 민족주의, 국가주의, 반유대주의 등을 비판했다.

왜 나만
삶을 복잡하게 사는가?

오컴의 면도날

더 적은 것을 가지고 할 수 있는데
더 많은 것을 가지고 하는 것은 부질없는 짓이다.

_ 토마스 아퀴나스

    우리는 모두 많은 역할을 동시에 수행하며 살아갑니다. 남편
또는 아내라는 역할, 아이들의 부모라는 역할, 내 부모님의 아
들이나 딸이라는 역할, 배우자 부모님에게는 사위나 며느리라
는 역할 등등이 있습니다. 가정에서도 이러한데, 사회로 넓히
면 더욱 많은 역할을 수행해야 하겠죠.

  이 많은 역할을 하나도 빠짐없이 완벽하게 수행하는 사람은
정말 드뭅니다. 대신 이 모든 역할을 완벽하게 수행하고 싶어
욕심을 내고, 지칠 때까지 노력하고, 잘해야 한다는 압박감을
느끼고, 여러 역할에서 오는 이해관계 때문에 고민하는 사람은
수없이 많죠. 예를 들어, 의견 차이로 인해 부모님과 아내의 관

계가 불편해지면 아들과 남편의 역할을 동시에 하는 사람은 상당한 스트레스와 죄책감을 동시에 느끼게 됩니다.

이럴 때는 생각할 것들이 너무 많이 떠오르고, 신경 쓰거나 고려해야 하는 일들이 너무 많다고 느끼게 됩니다. 온통 얽히고설켜 복잡한 실타래 같다고 느껴지는 일 투성이가 되지요. 이런 상황이 지속되면 무언가 결정을 내리는 데에 시간이 너무 많이 걸리고, 결국 결정을 내리지 못할 때도 많아집니다.

사적, 공적으로 해결되지 않은 과제로 둘러싸여 사는 기분까지 듭니다. 복잡한 이해관계로 얽힌 문제들로 인해 짙게 안개가 낀 길을 헤매는 것 같은 상태가 되는 것입니다. "어휴, 모르겠다!" 이런 말도 아예 입에 달고 살게 되죠. 복잡한 상황에 놓였을 때 얽힌 문제를 풀고 명료하게 정리하려면 어떻게 해야 할까요?

복잡한 것일수록 단순하게 보아야 하는 이유

풍족함이 넘치는 시대, 우리는 너무 많은 선택지와 재화에 둘러싸여 살고 있습니다. 무엇 하나 사려고 할 때에도 너무 많은 정보로 인해 오히려 선택이 힘든 적이 많지 않았나요? 이런 경험들이 한 겹 한 겹 쌓이며 우리 삶은 지나치게 복잡해지고 말았습니다.

지금 내 머릿속은 어떤 상태인가요? 푸른 하늘처럼 명쾌한가요, 아니면 풀기 어렵도록 엉킨 실타래 같은가요? 잠시 바쁜 손을 멈추고 주위를 둘러봅시다. 내가 머무는 공간은 어떤가요? 일목요연하게 정리가 되어 있나요, 아니면 여러 가지 물건들이 정신없이 쌓여 있나요?

때때로 우리의 마음 상태는 머무는 공간에 영향을 줍니다. 마음이 복잡하면 공간도 복잡해지고, 마음이 명쾌하면 공간도 깔끔합니다. 그래서 내 마음을 스스로 알지 못하는 순간에는 잠시 손을 멈추고 주위를 둘러보면 자신의 마음이 보이기도 합니다.

복잡한 것을 단순하게 하는 데 도움을 주는 철학자가 있습니다. 바로 영국의 신학자이자 스콜라 철학자인 오컴의 윌리엄 (William of Ockham)입니다. 윌리엄은 '경제성의 원리(principle of economy)'를 제시합니다.

- 많은 것들을 필요 없이 가정해서는 안 된다.
- 더 적은 수의 논리로 설명이 가능한 경우, 많은 수의 논리를 세우지 말라.

가설의 수를 불필요하게 늘리지 말고, 필요 이상으로 많은 것이 존재해서는 안 된다고 말합니다. 여러 가설(hypothesis)이 있을 때에는 가정(assumption)의 개수가 가장 적은 가설을 채택해야 하므로 논리적이지 않은 것은 사유의 면도날로 다 잘라내라는 뜻입니다. 이것을 '오컴의 면도날(Occam's razor)'이라고 합니다.

오컴의 면도날은 절약의 원리, 경제성의 원리, 간결함의 원리라고 부르기도 합니다. 고대 그리스 천문학자인 프톨레마이오스가 "가장 단순한 가설로 설명할 수 있으면 그것이 좋은 원리다"라고 말한 것과도 같습니다. 아일랜드의 탐미주의 작가 오스카 와일드도 이렇게 말했습니다.

"삶은 복잡하지 않다. 복잡한 건 우리들이다. 삶은 단순하다.
그리고 단순한 것이 옳은 것이다."

때로는 어떤 전제를 인정하고 싶지 않아서 단순한 것을 복잡하게 만들고 있을 때도 있습니다. 자신의 민낯을 스스로 인정하고 싶지 않기 때문입니다. 내 진짜 마음이 드러나지 않기를 원할 때 복잡한 것들로 눈을 흐리고 초점을 옮기는 것입니다. 결정을 미루고 싶을 때도 마찬가지입니다.

오컴은 확인되지 않은 추측이나 생각 들로 머릿속이 복잡하다면 불필요한 가정을 삼가라고 말했습니다. 그의 말에 따르면 어떤 사실 또는 현상에 대한 설명들 가운데 논리적으로 가장 단순한 것이 진실일 가능성이 높습니다. 중세 철학자 존 던스 스코투스 역시 필요 없이 복잡하면 본질이 흐려진다고 말했습니다.

동일한 현상을 설명하는 두 개의 주장 가운데 가정이 많은 쪽을 피하는 게 좋습니다. 가정 하나 하나에는 실현될 수도 있고 실현되지 않을 수도 있는 확률이 모두 내재되어 있습니다. 그러므로 가정의 수가 많아지면 많아질수록 어떤 현상의 인과관계에 대한 추론이 진실일 가능성은 낮아집니다.

레프 톨스토이의 대표작 《안나 카레니나》의 주인공 안나는 브론스키를 사랑하면서도 그의 행동을 끊임없이 의심합니다. 지속적으로 부정적인 가정을 하고 복잡한 상황을 상상하며 몸과 마음이 병들어 갑니다. 마차에 탄 영애에게 인사할 때도 브론스키가 영애를 마음에 들어 해서 웃는다고 생각합니다.

영애가 온 이유도 브론스키의 어머니가 브론스키와 영애를 이어주기 위해서일 거라고 추측합니다. 브론스키가 카레닌에게서 온 전보를 자신에게 보여 주지 않은 이유도 브론스키의 마음이 떠나서 그런 것은 아닌지 의심합니다.

가정의 수가 많아지면서 모든 가설과 가정이 뒤죽박죽 섞이게 되고, 안나는 혼란에 빠집니다. 결국 엉뚱한 결론에 다다르고 비극적인 죽음을 맞이합니다. 만약 안나가 오컴의 면도날을 잘 사용했다면 스스로 죽음을 택하는 비극은 일어나지 않았을지도 모릅니다.

불확실한 가정 대신
단순한 것을 고르는 지혜

우리 머릿속이 복잡한 이유는 어쩌면 너무 많은 가정을 담고 있어서일지도 모릅니다.

"어쩌면 이것이 필요할지도 몰라"
"이게 있으면 행복할지도 몰라"
"이것만 없어지면 나아질지도 몰라"

이런 미련 때문에 결정하지 못하고 미루어 둔 선택들이 쌓여서 복잡해진 건 아닐까요? 또는, '만약에', '어쩌면'이라는 무수한 가정으로 이도저도 못하고 속이 복잡해진 것은 아닐까 하는 생각도 듭니다. 핵심은 가장 중요한 것에 집중하는 것입니다. 모든 문제가 엉켜서 복잡해 보이기 시작할 때면 자신에게 다음과 같이 질문해 보세요.

"나에게 무엇이 중요한가?"

"무엇이 급한가?"

"내가 꼭 해야 하는가?"

이 질문들을 통해 중요도와 긴급도에 따라 일의 우선순위를 정합니다. 머릿속을 복잡하게 만드는 가설들에서 질문에 따라 논리적이지 않은 것들을 제거하면 생각보다 단순한 몇 개의 문제로 추려지곤 합니다. 다음으로는 반드시 자신이 하지 않아도 되는 일을 다른 사람에게 넘겨 문제를 줄이고, 한 번에 하나씩 해결하는 데 집중합니다.

이런 과정을 통해 복잡했던 머릿속을 환하게 바꾸어 갈 수 있습니다. 앞으로도 일상에 복잡한 문제들은 계속 생기겠지만, 이제는 문제들이 몰려올 때를 겁내지 않게 될 것입니다. 사유의 면도날로 불필요한 것들을 잘라 내고 몸통만 남기는 방법을 알게 되었기 때문입니다.

확신하지 못하는 어떤 가설이 있다면 가정이 가장 적은 것을 채택하라는 윌리엄의 조언이 빛을 발하는 순간이네요. 물론 단순한 것이 무조건 좋은 것만은 아닙니다. 하지만 복잡함으로 둘러싸여 어떤 선택도 하지 못하고 있다면, 또는 비이성적인 선택을 하려는 자신을 발견한다면 오컴의 면도날을 사용해서 불확실한 가정들을 제거해 보는 방법을 활용해 보는 건 어떨까요?

오컴의 윌리엄 1285?~1347

영국의 신학자이자 스콜라 철학의 대표자. 오컴의 윌리엄이라고 부르는 건 '오컴 출신의 윌리엄'이라는 의미이지, 이름이 '윌리엄 오컴'이라는 의미는 아니다. 토마스 아퀴나스 이후 가장 중요한 스콜라 철학자로 손꼽힌다.

인간에게도
뿌리내릴 땅이 필요한 이유
베유의 뿌리내림

가난함이란 지금까지는 갖지 못한 것을 의미했으나,
가까운 장래에는 소속되지 못한 것이 될 것이다.

_ 자크 아탈리

요즘은 현실 세계에서 친구를 사귀는 것만큼 온라인 세계를 통해 친구를 사귀는 사람들이 많습니다. 각종 SNS(social network service)와 미디어 플랫폼에서 활발히 활동하는 사람 중에는, 남이 보면 바쁘다고 생각할 정도로 온라인 세계에 머무르는 사람도 많습니다. 그에 비례해 소외감과 외로움을 호소하는 사람도 늘어나고 있습니다. 수많은 사람과 수많은 소통을 하면서도 소속감을 느끼지 못하는 것입니다.

'나는 SNS를 활발히 사용하지 않아서 잘 공감되지 않는데…'라는 생각이 든다면 이런 경우는 어떨까요? 힘들었던 하루를 보내고 집에 돌아오면 누군가와 함께 웃고 떠들며 피로를 풀고 싶어질 때가 있습니다. 그러나 휴대폰 속 연락처 목록은 끝이 보이지 않을 정도로 긴데도 불구하고 딱히 연락할 사람이 떠오르지 않는 것과 같습니다. 마치 땅에서 뿌리째 뽑혀 덩그러니 버려진 나무가 된 것 같아 외롭기도 합니다. 분명 어딘가에 소속되어 있으나 소속감이 느껴지지 않고, 공동체에서 떨어져 나온 것 같은 불안함을 느끼게 됩니다.

인간 사회에 존재하는 가장 위험한 병, 뿌리 뽑힘

프랑스 실존주의 사상가인 시몬 베유(Simone Weil)는 인간이 살아가기 위해 폭력으로부터의 보호, 위생, 온기, 의식주 같은 신체적 욕구가 충족되어야 하듯이 정신적인 삶을 위한 영혼의 욕구도 반드시 충족되어야 한다고 말합니다. 그가 말하는 영혼의 욕구는 다음과 같습니다.

첫 번째, 균형을 이루는 질서

두 번째, 공공의 이익을 해치지 않을 만큼의 선택의 자유

세 번째, 권위에 대한 마음으로부터의 동의가 전제되는 복종

네 번째, 쓸모 있을 뿐 아니라 없어서는 안 될 존재라는 느낌을 포함하는 책임

다섯 번째, 평등과 불평등이 조화롭게 결합한 가능성의 평등

여섯 번째, 상급자에 대한 공경과 헌신으로 이루어진 위계

일곱 번째, 사회적 배경 속에서 고려되는 명예

여덟 번째, 죄를 범한 인간이 다시 돌아올 수 있는 장치인 벌

아홉 번째, 지성의 절대적 욕구인 의견의 자유

열 번째, 공포나 두려움에 짓눌리지 않는 안전

열한 번째, 권태를 예방하는 위험 부담

열두 번째, 소유할 수 있는 가능성, 사유재

열세 번째, 공유 재산을 함께 소유한다는 참여로써의 공공재

열네 번째, 그 무엇으로도 왜곡되지 않는 진실

영혼의 욕구 가운데 가장 중요한 것은 바로 '뿌리내림'입니다. 베유는 인간도 식물처럼 뿌리가 있어야 잘 자랄 수 있다고 생각했습니다. 사람은 과거로부터 전해지는 정신적 유산과 미래에 대한 기대를 간직한 집단의 삶에 자연스럽게 합류하면서 뿌리가 생깁니다. 또한, 모든 사람은 다양한 뿌리를 필요로 합니다. 그래서 자신이 몸담은 여러 환경의 도덕적, 지적, 영적 삶과 연결되려 합니다.

인간 삶의 필수 조건은 내가 어딘가에 따스하고 안정적으로 뿌리내리고 있다는 느낌, 다시 말해 '충만함'과 '소속감'입니다. 이 삶의 필수 조건들이 박탈될 때 우리는 무기력해지거나 폭력

적으로 변합니다. 베유는 20세기 인간 사회의 가장 큰 문제점이 바로 이 '뿌리 뽑힘'에 있다고 말합니다.

단단하게 이어져 내려온 공동체가 와해되고 붕괴되는 상황에서 뿌리가 뽑히고 터전이 사라진 사람은 두 가지 행동 양상을 보입니다. 하나는 로마 제국의 대다수 노예가 그랬던 것처럼 죽은 사람처럼 체념하고 무기력해지는 것입니다. 또 다른 하나는 폭력적이고 공격적인 행동을 하는 것입니다. 그래서 아직 뿌리 뽑히지 않았거나 부분적으로만 그런 상태에 있는 사람들까지 뿌리가 뽑히는 방향으로 이끌게 됩니다.

19세기, 나치가 독일을 장악할 때 독일은 뿌리 뽑힌 프롤레타리아(proletarier, 자본주의 사회에서 노동력 이외에는 생산 수단을 가지지 못한 노동자)의 나라였습니다. 패전, 인플레이션, 과도한 산업화로 인한 실업은 독일인에게 뿌리 뽑힘을 겪게 했고, 이들을 방관한 결과 600만 명 이상의 유대인이 학살 당했습니다. 뿌리 뽑힘의 결과가 공격적으로 나타난 것입니다.

프랑스에서는 뿌리 뽑힘이 마비 상태로 나타났습니다. 프랑스는 제1차 세계대전의 악몽에서 벗어나지 못했고, 1935년 말에 발생한 금융 위기로 인해 경제적 문제를 겪고 있었습니다. 대다수 노동자는 일자리를 잃었고, 노동 계층의 뿌리를 끊어 버린 바로 그 돈이 부르주아 계층의 뿌리도 갉아먹었습니다. 프랑스에서는 국가 전반의 병이 일종의 잠처럼 나타났습니다.

나치 독일이 침공했을 때도 실제 저력은 프랑스가 더 강했음에도 저항하지 않고 6주만에 항복했습니다.

또, 애굽에서 탈출한 이력이 있는 뿌리 뽑힌 유대인은 현대에 와서 팔레스타인 사람들을 몰살하고 막다른 골목에 몰아넣고 있습니다. 역사적으로 군사 정복이 일어날 때마다 항상 뿌리 뽑힘이 발생합니다. 뿌리 뽑힘은 피지배 민족에게 치명적인데, 거기에 대규모 강제 이동까지 더해지면 뿌리 뽑힘은 절체절명의 지경에 이르게 합니다.

시몬 베유는 정복은 거의 항상 악이라고 말합니다. 정복은 삶에 속한 것이 아니라 일어나는 그 순간부터 죽음에 속합니다. 영혼의 모든 욕구 가운데 과거만큼 현재 이후의 삶에 영향을 미치는 것은 없죠. 그래서 일제가 조선에 행한 것처럼, 과거를 파괴하는 것은 가장 큰 범죄입니다.

식민주의는 늘 뿌리 뽑힘을 발생시킵니다. 승전을 거두었다 하더라도 적국의 뿌리를 뽑는 방향은 지양해야 합니다. 사회적 반향을 일으키는 영향력 있는 모든 개혁은 결국 뿌리 뽑힌 사람들이 '다시 뿌리를 내릴 수 있게' 하는 데 집중되어야 합니다.

"어떤 계층이나 사회, 문명, 국가의 문제는 결국 '뿌리 뽑힘'에서 시작한다."

여기서 말하는 '뿌리'는 자신의 배경 또는 토대가 되는 고유한 토양에 근거하는 영성(靈性, 신령한 품성이나 성질)입니다.

모든 사람이 다양한 갈래로 내리고 사는 뿌리를 가장 폭력적이고 과격한 형태로 뽑는 행위는 바로 정복과 전쟁입니다. 시몬 베유의 저서 《뿌리내림》이 1949년에 세상으로 나온 이유도 여기에 있습니다. 제2차 세계대전이 발발하고 프랑스가 황폐해졌던 1942년, 자유프랑스운동 측에서는 그에게 조국인 프랑스의 재건 가능성에 대한 글을 써 달라는 요청을 합니다. 《뿌리내림》은 그 요청에 대한 답변이라고 볼 수 있습니다.

저서 《뿌리내림》은 이제 곧 전쟁이 끝날 것이라는 기대 속에서 동포들에게 보내는 절절한 호소인 동시에 전 세계 인류를 향한 호소이기도 합니다. 베유는 독일에 정복당한 조국, 즉 '뿌리 뽑힌' 프랑스를 분석했습니다. 그런데 그가 보기에 프랑스는 군사적으로 패해서 독일에 정복당하기 이전부터 이미 뿌리 뽑힘이 진행되고 있었습니다.

한창 타올랐던 노동 운동이 초심을 잃고 순수성이 무너지면서 노동자들의 뿌리가 뽑혔고, 모든 일이 도시 중심으로 돌아가면서 노동자보다 더 소외된 농민의 뿌리가 뽑혔습니다. 식민지 정복을 부추기며, 당시에 팽배했던 약한 나라를 정복의 대상으로 삼는 것을 조국의 영광이라고 생각하는 거짓 조국애도 세계 곳곳에서 뿌리 뽑히는 이들을 만들었습니다.

베유는 조국인 프랑스를 뜨겁게 사랑했지만, 동시에 열강에 속하는 프랑스가 타국인의 삶에 뿌리 뽑힘을 발생시키는 거짓 조국애를 엄격하게 경계했습니다. 그의 시선에는 국가주의적 색채가 조금도 없으며, 결국 그 마음은 모든 고통받는 이들과 피(被)압제자에 대한 사랑으로 수렴됩니다.

우리에게도 일어날 수 있는 뿌리 뽑힘

시몬 베유는 군사 정복이 일어나지 않더라도 뿌리뽑힘이라는 병을 유발시키는 요인이 있다고 말했습니다. 첫 번째는 돈입니다. 돈은 침투하는 곳마다 인간의 모든 동기를 돈벌이의 욕망으로 덮으면서 뿌리를 파괴합니다. 돈이 다른 동기를 쉽게 덮을 수 있는 이유는 숫자만큼 단순하고 명백한 것은 없기 때문입니다. 임금 노동자의 경우 자신이 받게 되는 보수에 늘 관심이 쏠릴 수밖에 없습니다.

두 번째는 교육입니다. 베유는 교양이 세상과 분리되어 매우 제한적이고 폐쇄적인 분위기 속에서 발전했다고 말합니다. 그 결과, 교양이 너무나 기술의 영향에 크게 휘둘리며 실용주의에 짙게 물들어 버렸다고 했죠. 그는 교육의 본분이란 무엇이 이롭고, 무엇이 의무이며, 무엇이 선한 것인지 알려주는 것이라고 보았습니다. 또한, 선한 방향으로 나아가도록 동기를 유발해야 한다고 말했습니다. 선으로 향하는 방향만 보여 주고 그에 맞는 동기 부여를 등한시한다면 연료 없는 자동차에 시동을 거는 것과 마찬가지라고 말이죠.

오늘날의 대중 교육에서는 배움 그 자체를 위한 순수한 열망이나 진리를 추구하는 열정을 찾아보기 힘들어졌습니다. 그리고 교육의 혜택은 좋은 직업을 구하는 도구가 되었습니다. 학생들이 성적에 대해 생각하는 강박은 성과급제 노동자와 크게 다르지 않습니다. 시몬 베유는 자신의 직업을 다른 직업과 비교하며 '나는 똑똑하지 않아서 이런 일이나 한다'는 생각을 하는 사회라면 근본부터 병든 것이라고 말합니다. 뿌리 뽑힘은 인간 사회에 존재하는 가장 위험한 병입니다. 자발적으로 알아서 퍼져 나가는 병이기 때문입니다.

베유에 따르면, 고통의 신호는 노동자의 요구에서 찾을 수 있습니다. 그 요구는 대부분 뿌리 뽑힘의 고통을 드러냅니다. 예를 들어, 국유화나 신규 채용 제한을 요구하는 것은 전형적인 뿌리 뽑힘 현상인 실업에 대한 공포에 극도로 시달리기 때문입니다. 국유화를 통해 해고 위험에 노출되지 않기를 원하고, 신규채용 제한으로 새로운 노동자의 수를 제한하여 자신의 자리를 지키고 싶은 마음입니다.

노동자가 겪는 고통의 목록은 우리가 바로 잡아야 하는 것들의 목록과 동일합니다. 기계의 부속물로 전락해 버린 자신의 내면을 보며 영혼에 현기증을 느끼고 더 이상 자신은 존재하지 않는 것 같은 기분을 느낄 수 있기 때문입니다.

뿌리내리는 일의 중요성

영화 〈쇼생크 탈출〉의 등장인물 중 한 명인 브룩스는 50년 이상을 쇼생크 감옥에서 수감 생활을 했습니다. 도서관에서 일하는 브룩스를 사람들은 배운 사람으로 인정했고, 스스로도 자신을 중요한 사람이라고 생각합니다. 수감자라고는 믿을 수 없을 정도로 품위 있고, 지적이며, 조용합니다. 그는 일생의 대부분을 보낸 쇼생크에 아주 단단하게 뿌리를 내렸습니다. 이곳에서의 삶에서 안정감을 느낍니다.

어느 날 브룩스가 돌변해 같은 수감자를 인질로 잡고 목에 칼을 겨눕니다. 가석방을 허가받았기 때문입니다. 가석방 날짜가 자신의 뿌리가 뽑히는 시간이라는 걸 직감하자 죄를 지어서라도 감옥에 남고 싶은 마음에 폭력적으로 변한 거죠. 그러나 결국 가석방을 받아 세상으로 나가게 되고, 며칠 지나지 않아 스스로 목숨을 끊습니다. 완전히 뿌리 뽑혀 어느 곳에서도 안정감과 소속감을 찾을 수 없게 되자 생을 포기한 것입니다.

인간에게는 소속감과 정체성을 키울 안정적인 환경이 필요합니다. 브룩스가 가석방 뒤 만난 세상에서 잘 뿌리내렸다면 벽에 '브룩스가 여기 있었다'라고 적고 자살하는 대신 새롭게 변한 세상을 만나 자신의 세상을 더 넓혔을지도 모릅니다. 꼭 물리적으로 이동을 할 때에만 뿌리 뽑힘과 같은 기분을 느끼는 것은 아닙니다. 가족과의 결속이 깨지고 직장에서의 인간관계에 문제가 생길 때에도 뿌리가 뽑힌 것 같은 증상이 나타납니다. 정신적인 교감이 오가던 공동체에 문제가 생기면 우리에게는 새로운 뿌리 내림이 필요합니다.

처음에는 고목처럼 굵고 두꺼운 뿌리가 될 수 있을까 걱정될 정도로 미약한 모습이겠지만, 우선은 잔뿌리부터 내려 가며 토양 속에 자리 잡고 버티는 힘을 길러야 합니다. 어쩌면 썩은 뿌리를 제거하는 것부터가 시작일 수도 있겠지요. 타의로 뿌리 뽑힘을 경험할 때도 있지만, 우리에게는 스스로 뿌리를 제거하고 건강한 새 뿌리를 내릴 힘이 있습니다. 생각해 보면 솜털 같은 잔뿌리들을 내릴 다정하고 따뜻한 흙 같은 관계들은 이미 주위에 있습니다. 조심스럽지만 적극적으로 찾아보면 분명 발견할 수 있을 겁니다.

또한, 디지털 플랫폼을 넘어 더 깊고 의미 있는 관계에 집중해 봅시다. 가치관이 비슷한 공동체의 일원이 되어 지역사회에서 할 수 있는 의미 있는 활동을 찾는 것입니다. 가능하면 의식적으로 디지털 기기를 멀리하는 시간을 정해 두고 더 의미 있는 상호작용을 할 수 있는 공간에 머무르는 방법도 있습니다. SNS를 사용할 때에도 단순한 콘텐츠 소비자로 머무는 것이 아니라 독서 모임 등 대면 모임으로 발전시켜 자신과 커뮤니티의 공동 성장을 추구할 수 있습니다.

자신이 느끼는 소외와 단절감을 연결로 바꾸기 위해서는 적극적으로 뿌리내릴 결심이 필요합니다. 동시에 자신도 누군가가 뿌리내릴 다정한 토양이 될 준비를 하면서 말이죠. 우리는 서로에게 다정한 땅이 되어 줄 수 있습니다. 혼자는 부러지는 나뭇가지도 여러 개가 모이면 쉽게 부러지지 않는 것처럼, 미세하고 연약한 잔뿌리들도 겹겹이 함께 뿌리를 내리면 쉽게 뽑히지 않을 견고한 힘이 생긴다는 걸 늘 기억하면 좋겠습니다.

시몬 베유 1909~1943

20세기 좌파 지식인 가운데 이례적인 행보를 선택한 것으로 유명하며, 사망 이후인 1950~1960년대 유럽과 영어권 나라에서 그의 글들이 명성을 얻으며 주목받기 시작했다. 때문에 대부분 저서는 사후에 출판되었다.

선입견 없이
세상을 바라보는 법

플라톤의 동굴

선입견은
지혜의 문을 잠그는 자물쇠입니다.

_ 메리 브라운

영화 〈아일랜드〉는 유토피아에 사는 사람들의 삶을 보여줍니다. 통제된 환경에서 좋은 것들만 공급받으며 살아가는 그들은 사실 모두 복제인간이죠. 스폰서라고 불리는 본체가 병에 걸리거나 노화되어 새 장기나 새 신체 부위의 이식이 필요할 때의 대체재로써 관리되는 것입니다. 하지만 그들은 이 사실을 모릅니다.

모두가 의심 없이 살아가던 중 오직 주인공인 링컨 6-에코만이 이 환경에 의문을 품기 시작합니다. 자신들이 받는 검사는 왜 하는 것인지, 식사를 통제하는 이유는 무엇인지, 매일 자신들이 하는 일은 무엇을 위한 것인지 등등을 말이죠. 그러다가 잔혹한 진실을 발견하게 됩니다. 그들이 살고 있는 곳은 유토피아가 아닌 좋은 환경처럼 꾸며진 지하 감옥과 같은 곳이고, 그들이 보는 유리 벽 너머의 하늘은 홀로그램이며, 자신들은 언제든지 필요하면 장기를 제공하고 죽을 수 있는 상태에 살고 있다는 사실입니다.

매일 들려오는 각종 뉴스와 쏟아지는 정보들을 검증하려고 하거나 의문을 품지 않았던 그동안의 자신을 한번 생각해 봅시다. 마치 현실을 유토피아라고 착각하고 사는 〈아일랜드〉 속 복제인간 같지는 않은가요?

어쩌면 정말 알아야 할 것을 모르고, 주어지는 정보만 수동적으로 받아들이며, 당장 눈앞에 보이는 세상만 보며 살아온 것 같은 기분이 들지도 모릅니다. 당연하다고 믿던 이 세상 바깥이 궁금해진다면, 어떻게 해야 자신이 아는 세상 밖으로 나갈 수 있을까요?

동굴에 갇힌 사람들

플라톤(Plato)은 기원전 428년경, 그리스의 아테네에서 대대로 많은 정치가를 배출한 집안의 후손으로 태어났습니다. 플라톤의 원래 이름은 아리스토클레스인데, 체격이 좋고 어깨가

넓어서 고대 그리스어로 '넓다'는 뜻인 '플라톤'이라는 이름을 얻게 됩니다. 플라톤은 20세에 헤라클레이토스 학파의 멤버가 되었지만, 소크라테스를 만나며 그의 제자가 됩니다.

처음에는 정치가를 많이 배출한 집안의 영향으로 자신도 정치가가 될 야망이 있었습니다. 하지만 정치권을 가까이에서 지켜보며 혼돈을 느꼈고, 스승인 소크라테스가 터무니없는 이유로 사형을 당하자 환멸을 느껴 완전히 정치에서 손을 떼게 됩니다. 아테네를 떠난 플라톤은 여러 나라를 여행하며 경험을 쌓고 다양한 학문을 연구하는 학자들과 교류하며 지식을 쌓다가 아테네로 돌아옵니다.

기원전 387년, 아테네 서북쪽 교외에 있는 아카데메이아(Acadēmeia)에 지명 그대로 아카데메이아라는 학교를 세우고 산술, 기하학, 천문학을 가르쳤습니다. 일정한 예비 훈련을 거치고 나면 이상적인 통치자가 알아야 하는 철학도 가르쳤습니다. 특히 기하학은 감각이 아닌 사유를 통해 지식을 알아갈 수 있는 필수 학문이라고 판단하여, 학교 입구에 '기하학을 모르는 자는 이 문으로 들어오지 마라'라는 간판이 걸려 있었다고 합니다.

아카데메이아에서 스페우시포스, 아리스토텔레스 등의 유명한 인재가 배출되었습니다. 아카데메이아는 플라톤이 죽은 기원전 348년 이후로 약 1,000년 동안 유지됩니다. 아카데메이

아라는 이름에서 연구나 교육을 맡은 기관을 부르는 아카데미
(academy)라는 단어가 유래되었습니다.

플라톤은 대표작인 《국가》에서 동굴의 비유를 통해 인간의
인식과 진실에 대한 깊은 통찰을 보여줍니다. 플라톤은 우리
를 동굴 안에 갇힌 수인에 비유합니다. 지하 동굴 안의 수많은
수인은 묶인 채 벽을 바라보고 앉아 있습니다. 이들은 실재를
보고 있다고 생각하지만, 실제 보고 있는 것은 벽면에 생긴 그
림자입니다. 거대한 햇불 앞에 모형을 들고 있는 사람들이 만
들어 낸 모형의 그림자이지요. 수인들은 뒤를 돌아볼 수 없기
에 자신의 눈앞에 펼쳐진 벽의 그림이 진짜 세상인 줄 알고 살
아갑니다.

그러다 사슬을 풀고 동굴 밖으로 나가는 수인이 생깁니다.
이들은 처음 동굴 밖 진짜 태양을 보고는 너무 눈이 부셔서 아
무 것도 보지 못합니다. 하지만 점점 빛에 눈이 적응하면서 진
짜 세상 속 생생한 사물들을 보게 됩니다. 진짜 세상을 본 수인

이 동굴 안으로 돌아와서 여전히 묶인 채 벽의 그림자만을 바라보는 이들에게 진짜 세상을 말하지만, 대다수는 그를 미치광이 취급하며 믿지 않습니다. 앞서 말한 영화 〈아일랜드〉가 마치 이 플라톤의 동굴과 같습니다.

독사를 버리고 에피스테메를 취하라

동굴 안의 어둠은 '무지의 상태'에 대한 비유입니다. 동굴 밖의 세상은 이데아의 세계, 즉 '진짜'를 말합니다. 동굴 밖을 발견한 사람은 철학자입니다. 묶인 채 벽면의 그림자를 바라보는 사람은 일상적 삶에 결박된 존재, 다시 말해 평범한 우리들입니다. 눈은 영혼을 뜻하고 태양은 진리 또는 선(善)을 말합니다. 플라톤은 '선의 이데아'를 이데아 중의 최고 이데아라고 불렀습니다.

벽면의 그림자를 보다가 의문을 가지고 고개를 돌려서 진정한 존재를 보는 것은 '인식'입니다. 동굴 안 사람들은 그림자만을 바라보며 그것이 현실이라고 믿습니다. 하지만 동굴을 벗어나 밝은 세상을 경험하면 지금까지 알아왔던 세상은 그림자에 불과하다는 사실을 깨닫게 됩니다. 동굴 밖에 나가서 이데아의 세계를 발견한 철학자가 동굴 안으로 다시 돌아오는 것이 바로 '실천적 지혜'입니다.

"인간이란 본성적으로 알고자 하는 욕구가 있는 존재다. 그리
고 인간이라면 누구나 잘 살기를 바란다."

여기서 플라톤이 말한 '잘 산다는 것'은 어떤 의미일까요? 진
정으로 잘 살기를 원한다면 무엇을 해야 할까요?

우리가 너무 코앞만 보고 사는 게 아닌가 하는 고민도 알고
자 하는 욕구로부터 시작합니다. 그리고 현실 너머를 궁금해
하는, 당연하다고 믿던 세상 밖을 알고 싶은 마음은 제대로 잘
살고 싶은 욕구에서 나옵니다. 플라톤은 잘 살기를 원한다면
먼저 우리 자신에 대한 인식이 필요하다고 말합니다. 그렇다
면 알고 있는 것이 진실인지 가짜인지 검증해야 합니다.

눈, 코, 입, 귀 등 감각기관을 통해 들어온 정보를 거르지 않
고 그대로 받아들인 생각을 플라톤은 독사(doxa)라고 칭했습
니다. 독사란 억견(臆見)이란 뜻으로, 스스로 판단하지 않고 보
이고 들리는 대로 대상에게 품는 견해입니다. 객관적 검증을
거치지 않은 주관적 정보이므로 완전한 지식이라고 할 수 없습
니다. 소위 말하는 '~카더라'와 같은 말을 판단 없이 그대로 믿
으면 독사입니다.

반대로 정보를 이성적으로 판단해서 얻은 객관적인 지식을

에피스테메(episteme)라고 합니다. 에피스테메는 올바른 지식으로, 모두가 납득하는 지성이란 뜻입니다. 플라톤은 선하게 살기 위해서는 독사를 멀리하고 이성을 통해 에피스테메를 얻어야 한다고 말합니다.

우리가 현실에 답답함을 느끼는 이유는 바로 이 독사에 사로잡혀 있기 때문입니다. 당연하다고 생각하는 모든 것들을 이성적으로 판단하기 시작한다면 에피스테메를 얻을 수 있습니다. 인터넷 기사를 읽을 때 "그렇구나"라고 납득하고 넘어가는 게 아니라 '정말 그럴까? 다른 관점으로 생각하면 어떻게 볼 수 있을까?'와 같은 식으로 이성적 판단을 시도해 보는 것입니다.

인간관계에서도 마찬가지입니다. 누군가가 타인의 험담을 나에게 전할 때 '그 사람은 그런 사람이구나'라고 수동적으로 받아들이는 것이 아니라, 그건 그 사람의 시선으로 두고 나는 나의 방식으로 이성적으로 타인에 대해 판단을 시도하는 것입니다.

이런 식으로 사고하는 습관을 들이다 보면 독사에서 벗어나 점점 더 에피스테메와 가까워질 수 있습니다. 어느 날 〈아일랜드〉의 링컨 6-에코가 유토피아 밖의 세상을 발견하고 동료들을 바깥으로 이끌어 낸 것처럼, 자신 뿐만 아니라 소중한 이들이 에피스테메에 이르도록 손을 내밀어 줄 수 있게 되겠지요.

플라톤 B.C.428?~B.C.348?

고대 그리스의 철학자. 소크라테스의 제자이자, 자신의 제자인 아리
스토텔레스와 함께 고전기 헬라스 철학을 대표하는 학자이다. 랄프
왈도 에머슨은 "여지껏 사상가들에 의해 쓰이고 논의되는 모든 것들
이 플라톤에게서 나왔다"라고 말하기도 했다.

"내 언어의 한계는
내 세계의 한계이다"
비트겐슈타인과 언어

> 인간의 됨됨이는 그가 가진 지식에 있는 것이 아니라
> 지식을 갖기 위해 노력하는 데 있다.
>
> _ G.E. 레싱

자신보다 어린 세대와 대화를 하거나, 인터넷 게시판 등을 볼 때, 또는 재미있는 예능을 보다가 종종 '저게 무슨 말인가' 싶을 때가 있습니다. 분명 같은 시대를 살고 같은 언어를 쓰는데 생소하고 영 쓰임새나 뜻을 짐작하기 어려운 말들이 널려 있지요.

최근에는 전혀 생각지도 못하다가 편견과 차별의 의미가 담긴 말이라는 지적을 받을 때도 생깁니다. 예전에는 전혀 그런 생각을 하는 사람이 없었는데 말이지요. 이런 지적을 받게 되면 나도 모르게 의기소침해지고, 말수가 줄어들기도 합니다. 어떻게 하면 좋은 언어, 올바른 단어를 사용하며 잘 살 수 있을

까요? 주변 사람과 부담이나 걱정 없이 대화하려면 어떻게 해야 할까요?

철학보다 중요한 것은 자기 삶을 개선하는 것이다

루트비히 비트겐슈타인(Ludwig Josef Johann Wittgenstein)은 1889년 오스트리아 빈에서 철강 재벌 가문의 막내로 태어났습니다. 그의 아버지와 어머니는 둘 다 고등교육을 받았으며 예술을 사랑해서 오귀스트 로댕, 구스타프 클림트 같은 예술가를 후원했습니다. 비트겐슈타인가(家)의 예술을 향한 열정은 그의 생활과 사상에도 큰 영향을 주었습니다. 저서에서도 음악에 비유한 예시를 자주 사용했지요.

비트겐슈타인은 철학보다 자기 삶을 개선하는 것이 더 중요한 일이라고 보았습니다. 그의 형제들은 우울증으로 자살했고, 자신도 평생 동안 자살 충동에 시달리며 인생의 문제를 치열하게 고민했습니다. 또한 언어의 한계를 날카롭게 사유하며 자기완성을 위해 노력했습니다. 그는 지식인으로서 양심의 고통과 늘 싸웠으며, 인생이란 무엇이며 어떻게 살아야 하는지를 깊이 파고들었습니다.

20세기 최고의 천재 철학자의 가장 큰 관심사는 삶을 더 나은 방향으로 나아가게 하고 윤리적으로 완성시키는 데 있었습니다. 비트겐슈타인은 철학을 공부해서 얻는 효용은 그저 난해한 논리적 문제들을 그럴싸하게 말할 수 있게 될 뿐이라고 했습니다. 일상의 중요한 문제들에 관한 생각을 개선하지 못하고 우리를 더 양심적으로 만들지도 않는다면, 철학을 공부하는 게 무슨 소용이 있는지 반문합니다.

제1차 세계대전이 일어나자 비트겐슈타인은 오스트리아-헝가리 제국 육군에 자원했습니다. 최전방 조종사로 참전하여 '용감한 행동과 침착하고 냉정한 영웅다운 활약'으로 훈장을 받습니다. 그러나 전쟁 기간 동안 자신이 목격한 전쟁에서의 참상과 인간의 천박함에 대한 경멸을 노트에 기록하곤 했습니다.

전쟁이 끝난 뒤 그는 《논리철학논고》에 자신의 지성과 감성을 집약했고, 이로써 철학의 모든 문제에 답했다고 생각했습니다. 《논리철학논고》를 집필하던 시기의 비트겐슈타인이 발견한 철학의 문제는 말할 수 없는 것을 말하려고 하는 것이었습니다. 이것을 자신의 그림 이론으로 제시하는데, 언어는 세계, 명제는 사실, 이름은 대상을 지칭하며 이것들이 대응 관계에 있다는 이론입니다.

비트겐슈타인은 형이상학이나 신, 자아, 도덕 등은 실제로 그것이 나타내려고 하는 것이 없기 때문에 뜻이 없다고 보았습니다. 그래서 말할 수 없는 것을 논의하는 것은 무의미하다고 주장합니다.

하지만 자연과학은 손에 잡히는 실제 세계를 설명하기에 의미가 있다고 보았습니다. 그래서 나온 말이 "말할 수 없는 것에 관해서는 침묵해야 한다"입니다. 비트겐슈타인의 이 말은 많은 오해를 불렀는데, 말할 수 없는 것은 증명할 수 없기 때문에 무의미하다는 말이 아니라 오히려 증명하려 해서 그것을 무가치하게 만들지 말라는 의미입니다. 그는 편집자에게 보내는 편지에 자신은 말할 수 없는 것들을 더 중요하게 생각한다고 적기도 했습니다.

우리는 언어라는 렌즈를 통해
세상을 바라본다

비트겐슈타인은 생각될 수 있는 모든 것은 명료하게 생각될 수 있으며, 말로 표현할 수 있는 모든 것은 명료하게 말로 표현할 수 있다고 말합니다. "나의 언어의 한계는 나의 세계의 한계를 의미한다"라는 비트겐슈타인의 말과 연결됩니다. 그는 우리가 세계를 인식하고 이해하는 주된 수단이 '언어'라고 봤습니다. 즉, 우리가 말할 수 있는 것, 언어로 표현할 수 있는 것이 우리가 이해하고 인식하는 세계의 범위를 결정합니다.

예를 들어, 누군가가 알고 있는 색의 이름이 빨강, 노랑, 파랑

등 기본적인 것들이고 색과 색 사이의 다양한 색상에 대한 언어나 개념이 없다면, 이 사람에게 세상은 기본적인 색으로 이루어진 것으로 보일 것입니다. 다양한 색의 이름을 알고 있는 디자이너나 화가의 세상과는 질적으로 다르겠죠. 주꾸미와 문어의 이름이 구분되지 않고 그저 문어라면 둘의 맛의 차이를 느끼지 못할 것입니다. 색과 마찬가지로 맛도 역시 다양성 측면에서 제한됩니다.

어떤 문화나 언어에서 특정한 개념이나 감정을 나타내는 단어가 없다면 그 문화나 언어를 사용하는 사람들은 그 개념이나 감정을 경험하고 이해하는 데 어려움을 겪을 수 있습니다. 스웨덴어 '라곰(lagom)'은 '라게트 옴(laget om)'의 줄임말인데, '너무 많지도, 너무 적지도 않은, 딱 적당한'이라는 개념입니다. 스웨덴식 행복의 비결이지요.

그런데 같은 단어나 그에 상응하는 개념이 없는 다른 언어나 문화권에서는 이 개념을 완전히 이해하거나 표현하는 것이 어렵습니다. 이 개념에 대한 어휘가 없기에 이 개념을 경험하는 것도 어렵습니다. 한국어의 '정(情)'이나 '한(恨)' 등을 다른 언어를 사용하는 이가 이해하도록 설명하기 어려운 것과 같습니다. 새로운 언어를 배운다는 것은 단순히 어휘와 문법을 배우는 것 이상을 의미합니다. 다른 사고방식을 이해하는 것이고, 각 언어가 가진 독특한 문화적 관점을 받아들이는 것이기 때문입니다.

어떤 언어에는 다른 언어에 존재하지 않는 개념에 대한 특정 단어를 가지고 있으며, 이런 단어는 새로운 생각과 사고방식을 드러냅니다. 각 언어는 자신의 세계관을 구현하므로 "나의 언어의 한계는 나의 세계의 한계를 의미한다"는 말은 언어를 확장하는 것이 곧 인지적 지평을 확장하는 것이라는 걸 암시합니다.

어떤 개념에 대한 언어를 알게 되면 이전에는 분명하게 말할 수 없었던 것들을 인지하고 생각할 수 있게 됩니다. 우리가 사랑과 욕정을 구별하고, 공허함과 고독함을 구분하며, 원망과 서러움의 차이를 알 수 있는 것은 그 개념에 맞는 언어가 우리에게 있기 때문입니다. 생각이 아무리 힘껏 뻗어나간들 자신이 가진 언어의 한계를 넘어서지는 못합니다.

과학적 언어의 세계에서도 마찬가지입니다. 새로운 과학적 발견이나 이론이 등장하면 그를 설명하기 위한 새로운 용어도 탄생합니다. 이 용어 없이는 그 개념을 정확하게 이해하고 전달하는 것이 거의 불가능합니다. 예를 들어, '양자 역학'은 전통적인 물리학 용어로는 설명하기 어려운 현상을 다룹니다. 그런데 양자역학의 개념과 용어를 모르는 사람은 양자역학 세계로의 접근이 거의 불가능합니다. 그 개념과 용어를 모르는 이에게는 존재하지 않는 이론일 수도 있겠지요.

자신에게 일어나는 내면의 일을 설명할 때 미묘하고 정확한 개념을 언어로 표현할 수 있는 사람과 그렇지 않은 사람은 전혀 다른 경험을 하게 됩니다. 감정의 미세한 차이에 따른 각각의 이름을 알고 있는 사람과 그렇지 않은 사람은 질적으로 다른 삶을 살게 됩니다.

커다란 분노를 그저 '화'로 인식하는 것과 그 안의 미묘한 감정들을 분리해 내어 '걱정', '슬픔', '수치심', '모멸감', '무력감', '외로움' 등으로 표현하는 것에는 분명한 차이가 있습니다. 감정의 이름을 몰라서 그저 화가 난 것으로 인식한 사람은 커다란 감정 덩어리가 풀리지 않아 그저 답답할 테지만, 각각의 이름으로 구분하며 들여다본 사람은 자신의 감정이 이해되고 그에 따른 자신의 욕구도 알아차릴 수 있습니다.

"나의 언어의 한계는 나의 세계의 한계를 의미한다"는 비트겐슈타인의 말의 맥락 중 세계를 확장하는 일의 핵심은 언어적, 문화적, 경험적 지경을 넓히는 것입니다. 새롭게 만들어진 어휘를 배우고, 그 어휘가 나오게 된 시대적 배경과 맥락을 검토하며, 문화적 뉘앙스와 사고방식을 알면 이전의 세계보다 더 확장된 세계를 체험할 수 있습니다.

'가스라이팅'이 뭔지 모르던 사람이 그 단어의 정확한 의미를 알게 되면 자신이 사랑이라고 착각해서 타인에게 했던 사랑의 표현들이 가스라이팅이었다는 것을 알게 됩니다. 그러면 알기 전과는 분명 다른 삶을 살게 될 것입니다. 선한 의도에도 불구하고 잘못된 표현과 행동이 있다는 것을 언어의 확장으로 비로소 알게 되는 것이죠.

자신이 사용하던 어휘 일부가 오히려 좋은 의도를 가리기도 합니다. 왜 자신과 대화를 나누던 이들의 표정이 종종 어두워졌는지 깨닫게 될 수도 있습니다. 우리는 다양한 문화를 만나고 새로운 지식을 배우며 자신의 언어를 확장해야겠다고 결심할 필요가 있습니다. 세상을 보는 눈이 어둡던 자신에게도 불이 밝혀진 기분이 들 것입니다. 풍성하고 다정한 언어로 소중한 이들에게 사랑을 표현하고 자신의 세계도 알록달록 생기 있는 언어로 가득 채워 나가길 바랍니다.

루트비히 비트겐슈타인 1889~1951

20세기의 위대한 철학자이자, 현대 영미분석철학의 선구자 중 한 명이다. "표현은 삶의 흐름 속에서만 의미를 갖는다"는 명언처럼, 자신의 철학과 분리해 고찰하기 어려운 삶을 살았던 인물로 손꼽힌다.

2장

아리스토텔레스처럼 생각하라

관계를 다스리는 법

참된 관계를 원한다면
기억해야 할 것

아리스토텔레스의 필리아

성공적 결혼은 완벽한 두 사람의 결합이 아니다.
불완전한 두 사람이 서로 용서와 포용을 배우는 것이다.

_ 달린 샤흐트

중년의 부모에게는 자식들이 모두 자라 집을 떠나는 시기가 찾아옵니다. 평소 시끌벅적한 집은 물론이고, 그렇지 않던 집 안이라도 함께 생활하던 가족의 부재는 어색함을 불러오기도 합니다. 남편과의 어색함에 대해 고민하며 많은 것을 물어 보던 40대 후반의 진영 씨도 이와 같은 상황이었습니다.

얼마 전 두 아이가 방학을 맞아 단기 어학연수를 떠난 뒤, 남편과 단둘이 식탁에 앉아 식사를 하던 진영 씨는 문득 내려앉은 침묵이 낯설고 불편하다는 생각을 했습니다. 남편이 싫은 건 아닌데 둘만 있을 때 어떤 대화를 나눴었는지, 어떤 시간을 보냈었는지, 어떤 분위기였는지 마치 기억이 삭제된 것처럼 생각나지 않았습니다.

진영 씨 부부는 지난 18년 동안 아이들을 키우는 데 중점을 두고 살아왔습니다. 이제 어느 정도 아이들이 자라서 생활에 여유가 생기자, 그동안 바쁘게 살아오느라 남편과의 사이가 서먹해진 것을 자각한 것입니다. 진영 씨는 어떻게 남편에게 다가가야 할지, 어떻게 하면 남편과 다시 깊고 의미 있는 관계가 될 수 있을지 고민하고 있었습니다.

진영 씨 가족은 아이들까지 모두 네 명이지만, 먼저 가정의 중심인 부부의 관계를 회복해야 합니다. 연애할 때의 불꽃 튀는 사랑이 아니라 서로 교감하고 인격적으로 가까워지는 시간이 필요할 것입니다.

가정이 잘 유지되기 위해 필요한 사랑

아리스토텔레스(Aristoteles)는 17세에 아테네로 유학을 와 플라톤의 교육기관인 '아카데메이아'에서 플라톤이 죽을 때까지 20년 동안 수학했습니다. 그는 플라톤의 수제자였으며 동시에 플라톤을 비판적으로 계승했습니다.

플라톤과 아리스토텔레스의 형이상학에는 많은 차이가 있습니다. 플라톤은 천상의 세계에서 이데아를 추구한 반면, 아리스토텔레스는 현실에서 본질을 추구하는 현실주의 철학을 주장했습니다. 플라톤이 죽은 뒤 이곳저곳을 떠돌던 아리스토텔레스는 50세에 아테네로 돌아와 리케이온(Lykeion)에 '리케이온 학원'을 세웁니다.

아리스토텔레스는 나무가 우거진 가로수 길을 산책(소요)하며 강의하고 논의하는 것을 즐겼는데, 여기에서 유래되어 그의 학파를 '소요 학파(peripatetic school)'라고 부릅니다. 이곳에서 가장 원숙한 사색을 담은 책《니코마코스 윤리학》을 완성합니다.

아리스토텔레스의 《니코마코스 윤리학》은 도덕에 대한 그의 철학을 담은 10권의 책인데, 8권과 9권에 필리아(φιλία)라는 개념이 나옵니다. 우애 또는 형제애로 번역되는데, 에로스, 아가페, 스토르게와 함께 고대 그리스에서 말하는 사랑의 네 가지 종류 중 하나입니다.

- **필리아**(philia): 우애, 우정, 서로 간의 교감
- **에로스**(eros): 순애, 남녀 간의 사랑, 결핍에 대한 사랑
- **아가페**(agape): 무조건적인 사랑, 신의 사랑
- **스토르게**(storge): 부모가 자녀에게 또는 자녀가 부모에게 느끼는 가족의 사랑

사회 심리학에서는 스토르게가 필리아를 가리키는 용어로

사용되기도 하지만, 다소 일방적이고 비대칭적인 경향이 있는 스토르게는 상호 대등한 관계를 바탕으로 하는 필리아와는 다릅니다.

아리스토텔레스는 일상적 인간관계에서, 특히 부부관계나 가정(공동체)을 잘 유지하기 위해서 네 가지 종류의 사랑 중 필리아가 중요하다고 말합니다. 아리스토텔레스는 "만약에 사람들에게 우애가 있다면 정의는 필요 없다. 하지만 정의로운 사람들이더라도 우애는 필요하다"라고 말합니다. 우애란 상대에게 호의를 갖고 상대가 행복해지기를 바라는 것, 그리고 상대가 좀 더 선해지기를, 행복해지기를 바라는 마음입니다.

아리스토텔레스는 사람이 행복하기 위해서는 윤리적 덕을 갖춰야 한다고 말합니다. 윤리적 덕을 갖추려면 올바른 지식과 뛰어난 기술을 갖추고 있는 것만으로는 부족합니다. 그래서 언제나 중용을 선택하는 습관을 가져야 한다고 주장합니다. 즉, 행복하기 위해서는 중용의 정신이 필요하고, 일상의 삶에서 누군가와 나누는 즐거움과 관련하여 필요한 중용이 필리아라는 것입니다.

다시 말해, 누군가에게 조금도 곁을 주지 않는 사람은 지나치게 필리아가 적은 사람이며 인간 혐오자로 이어질 수 있습니다. 반대로 필리아가 너무 지나치게 많아서 모든 사람과 친해지려고 하는 사람도 있습니다. 이런 사람은 두 가지 유형으로 나뉘는데, 만약 자기 이익을 위해서 그런 행동을 한다면 아첨 꾼이고, 아무 이익도 없이 그런 행동을 한다면 비굴한 사람이 라고 평가됩니다.

함께 사는 삶을
완성시키는 즐거움

헬라어에서 보통 '친구'라고 번역하는 단어로 '필로스(philos)' 가 있습니다. 필로스는 선후배나 부모자식 등의 관계도 포함 할 수 있는데, '함께 있으며 사랑을 주고받는 존재'라는 의미이 기 때문입니다.

필로스와 필리아는 파생관계입니다. 그러나 필리아를 단순 히 '우정'으로 번역하면 틀린 뜻은 아니지만 충분하지는 않습니 다. 아리스토텔레스는 "다른 모든 좋은 것을 다 가져도 친구가 없는 삶은 누구도 선택하지 않을 것"이라고 말합니다. 여기서 친구를 필리아로 바꿔도 같은 의미로 이해할 수 있습니다. 그 러므로 필로스(친구)는 '또 다른 나'가 될 수 있습니다. 즉, 자신 이 스스로를 대하는 태도를 상대방에게도 취할 때 필리아의 상 태에 이르게 됩니다.

아리스토텔레스는 필리아가 자족적(스스로 넉넉하게 여기고 만족하는 성질)인 삶의 한부분이라고 말합니다. 다시 말해, 필리아는 품성 상태를 말하는 일종의 덕인데 다음과 같은 세 가지 특징을 가집니다.

① **순수성**: 자신을 위해서가 아니라 친구를 위해서, 순수하게 친구가 잘 되기를 바라는 마음. 친구가 잘 되어서 나에게 어떤 이익이 돌아올 것을 기대하고 바라는 게 아니라 자신의 이익과 관계없이 잘 되기를 바란다는 의미

② **상호성**: 서로가 잘 되기를 바라는 마음. 즉, 서로가 서로의 안녕을 바라는 순수한 품성. 쌍방이 아닌 일방적으로 상대가 잘 되기를 바라는 마음은 필리아가 아닌 선의

③ **인지성**: 서로에게 선의를 갖고, 상대방이 잘 되기를 바라며, 서로가 그 사실을 아는 것. 서로 잘 알지 못하더라도 서로가 서로에게 선의를 가질 수 있지만 친구라고 부르지는 않음.

아리스토텔레스는 '필리아란 함께 사는 삶을 완성시키는 즐거움'이라고 말합니다. 함께 산다는 말의 의미는 단순히 공간을 공유한다는 의미가 아니라 서로 생각과 말을 나눈다는 의미입니다. 그래서 아리스토텔레스는 인간적인 사회성을 완성시키는 즐거움이 바로 필리아라고 말합니다.

필리아와 연결한 필로스는 '또 다른 나', 즉 자아의 연장으로 보기 때문에 친구와의 교제는 연장된 자기 자신을 바라보는 성

찰의 시선을 담은 자기반성과도 같습니다. 그리고 이는 자기 스스로가 자신을 반성할 때 보다 더 좋은 기회를 준다는 말입니다.

선(좋음)을 위한 우정을 쌓는 법

아리스토텔레스는 우정을 세 가지 유형으로 분류합니다. 첫째, 즐거움을 위한 우정입니다. 서로의 즐거움과 기쁨을 추구하며 만나는 관계를 말합니다. 둘째, 이익을 위한 우정입니다. 두 사람 모두에게 이익이 존재할 때 만들어지는 관계입니다. 셋째, 선을 위한 우정입니다. 서로 상대방의 선한 성격과 가치를 인정하고 존중하는 관계입니다.

진영 씨와 남편의 관계는 아이들을 키우는 과정에서 이익을 위한 우정을 나누는 사이에 가까웠을 것입니다. 아이들의 교육과 양육, 가정의 안정을 위한 공동 목표와 책임감이 가정에 이익이 되기에, 이익을 위한 우정은 두 사람 사이를 이어 주는 큰 연결 고리였습니다.

이제는 즐거움과 선을 위한 우정을 찾아야 합니다. 이것은 두 사람의 관계가 단순한 의무나 책임을 넘어서, 서로의 기쁨을 추구하며 성격, 가치, 나아가 존재 자체를 진심으로 이해하고 존중하는 사이로 가기 위한 시작입니다. 서로의 삶에서 일부가 되고 싶은 마음입니다.

참된 필리아는 서로를 향한 믿음을 바탕으로 시간과 노력을 들여 정성껏 가꿀 때 생깁니다. 함께 고난과 역경을 극복한 경우에 발전합니다. 진영 씨와 남편은 함께 공들이고 가꾼 시간이 있기에 선을 위한 우정으로 가기 위한 씨앗을 심은 상태이죠. 이 씨앗에서 싹이 트고 꽃이 피려면 어떻게 해야 하는지만 알면 됩니다.

첫째, 서로를 깊이 이해해야 합니다. 깊은 대화를 통해 서로의 생각과 믿음, 가치 등을 공유해야 합니다. 서로의 감정과 생각을 이해하는 첫걸음입니다. 둘째, 둘만의 시간을 보내며 서로의 관심사와 취미를 공유하고 새로운 활동을 시작합니다. 함께 책을 읽거나, 영화를 보고, 여행을 가는 것도 좋은 방법입니다. 셋째, 진정성 있는 소통입니다. 두 사람의 관계에서 오는 문제나 걱정을 솔직하게 표현하고 서로의 의견을 존중하며 의사소통하는 연습이 필요합니다.

진영 씨는 자신과 남편이 소중히 가꿔온 시간들이 좋은 흙에 소중한 씨앗을 심고 잘 가꿔온 노력이라는 생각을 하니 안심이 된다고 말했습니다. 남편과 지금까지와 조금 다른 우정을 만들어야겠다고 다짐하며 웃었습니다.

아이들에게 좋은 가정을 주기 위해 부부 사이의 즐거움을 우선순위에서 내려놓고 엄마로서의 역할을 더 우선했던 진영 씨는 이제부터 자신을 바라보듯 남편을 바라보고, 남편과 함께 서로의 즐거움과 기쁨이 무엇인지 찾아보는 시간을 갖게 될 것입니다.

아리스토텔레스 B.C.384~B.C.322

플라톤의 제자이자 알렉산드로스 대왕의 스승이다. 소크라테스, 플라톤과 더불어 고대 그리스에서 가장 영향력 있는 학자로 손꼽힌다. 서양 학문의 아버지로 불리며 "올바르게 사고한다는 건 곧 아리스토텔레스처럼 사고하는 것"이라는 말이 있을 정도로 서구 철학에 거대한 족적을 남겼다.

타인을
이해한다는 착각

이 세상에서 이해를 받고 이해를 해 주는 것보다
더 친밀한 관계는 없다.

_ 브래드 멜처

　가끔 주변에서 말과 행동을 이해하기 어려운 사람들을 종종
만납니다. 예를 들어, 선물을 주고도 좋은 소리를 못 듣는 경
우나, 지나친 간섭으로 기분을 상하게 하는 사람들입니다. 가
끔은 이들의 말과 행동이 질투인지 자격지심인지 헷갈립니다.
행동에 담긴 이유와 의도를 모르니 답답하기 그지없습니다.
이럴 때는 아이리스 머독(Iris Murdoch)의 철학이 필요합니다.
　1919년 아일랜드 더블린에서 태어난 머독은 영국이 사랑한
철학자이자 소설가입니다. 옥스퍼드대학과 케임브리지대학에
서 공부했고, 옥스퍼드대학에서 철학 교수로 약 15년 동안 많
은 학생을 가르쳤습니다. 머독은 1971년 출간한 저서 《선의 군

림》을 통해 실존주의나 행태주의 윤리학을 비판하고 덕을 윤리의 본질로 보았습니다.

이 시기 서양 철학계의 양대 산맥은 유럽에서 인기 있던 '실존주의(existentialism)'와 영미에서 꽃핀 '분석철학(analytic philosophy)'이었습니다. 머독의 '도덕철학(moral philosophy)'은 이 양대 철학의 핵심을 반박합니다. 그는 플라톤과 시몬 베유에게 큰 영향을 받아 초월적 신과 타자를 아우르는 현실에 집중했습니다. 그리고 행위자의 자유와 자율적 행동을 도덕의 기초로 보는 기존 철학의 관점을 비판합니다.

머독은 행동을 중요하게 생각하는 기존의 실존주의, 행태주의 윤리학을 비판하고, 덕을 윤리의 본질로 파악하며, '선'에 대해 지대한 관심을 가지고 연구했습니다. 그는 "타인이란 우리의 생각의 한계를 넘어서는 초월적 존재"라고 말합니다. 우리가 이 초월적 존재로서의 타인을 알게 되면 앞에서 말한 말과 행동을 이해하기 어려운 사람들 때문에 생기는 고민이 어느 정도는 해결될 것입니다.

타인을 완벽하게 이해하는 것은 불가능하다

머독은 함께 세상을 살아가는 타인을 완벽하게 이해하는 것은 불가능하다고 말합니다.

"타인에 대해 안다고 말할 수 있는 건 거짓이다. 그 사람의 감
정을 이해하고 공감한다는 것 또한 거짓이다."

우리가 자신의 방식대로 살듯 타인도 그들만의 방식으로 삶
을 살기 때문입니다. 그들은 한 존재로서 우리의 이해를 아득
히 초월합니다. 타인은 우리가 이해하는 방식이나 범주로 온
전히 이해할 수 없고, 그 삶을 포착할 수도 없습니다. 우리가
아는 것은 타인이라는 존재의 극히 일부일 뿐입니다. 이 때문
에 머독은 타인을 '초월적 존재'라고 부릅니다. 나의 이해를 벗
어났고, 손에 잡히지 않으며, 보이는 것 너머의 무수한 생의 순
간을 그들 자신의 방식대로 살아가는 초월적인 존재라고 말이
죠. 그런 의미에서 일상의 삶은 나와 초월적 존재들과의 관계
로 이루어져 있습니다.

머독은 타인을 이해하는 것은 삶에서 가장 어렵고도 중요한
과제이며 결국 완벽히 끝내지 못하는 과제라고 말합니다. 한
마디로, 타인은 독립적이며 측정할 수 없는 실재입니다. 우리
가 할 수 있는 최선은 타인에게도 우리와 마찬가지로 복잡하고
미묘하면서 개별적이며 실체적인 내면의 삶이 있다는 것을 인
정하는 것입니다.

타인은 우리 자신을 얼마나 정확하고 참되게 알 수 있을까요? 우리는 얼마나 진실된 타인을 알 수 있을까요? 근본적으로 한 사람은 타인에게 영혼의 모습을 완벽하게 보여 줄 수 없습니다. 때로는 억울하고 답답해서 마음속을 열어서 보여 주고 싶은 적이 있지 않나요? 타인도 마찬가지입니다.

머독은 그 이유가 인간이 본질적으로 자기중심적이며 이기적인 데 있다고 말합니다. 자기 자신의 감정과 생각을 과대평가하고, 편파적으로 판단하며, 자기방어적이고, 고집불통인 것이 어쩔 수 없는 인간의 본성이라는 의미입니다. 여기에 스스로 만들어 낸 내면의 서사가 더해지면 자기가 옳다는 덫에 빠지게 되는데 이를 '환상'이라고 부릅니다. 우리가 스스로 생각하고 느끼는 감정에도 얼마든지 오류가 있을 수 있습니다. 사람은 스스로를 위로하고 안심시키기 위해 때때로 이러한 거짓 시선으로 자신과 타인을 바라보기 때문입니다.

"타인에게 주목하라"

머독은 우리에게 "타인에게 주목하라"라는 해결책을 제시합니다. 그가 말하는 주목은 타인의 특수성과 개별성을 존중하고, 있는 그대로 주의 깊게 바라보는 것을 의미합니다. 환상에 오염된 자아 밖으로 나와서 명확하고 사랑스러운 시선으로 타인을 바라보라는 뜻이지요. 타인을 향해 끈기 있고 애정이 담긴 존중을 담을 때 정화가 일어난다는 것입니다.

타인을 대할 때 떠오르는 단어는 중립적이지 않은 경우가 많습니다. 판단과 평가가 들어간 주관적 해석이 담긴 단어들이 대부분이죠. '깐깐한'이라는 단어를 정화가 일어난 시선으로 보면 '정확한'이나 '신중한'으로 바뀔 수 있고, '태평스러운'은 '느긋한'으로, '잘난 척하는'은 '자신감 있는'으로, '음울한'은 '조용한'으로 바라볼 수 있게 됩니다.

타인에게도 나와 같이 생기 넘치는 내면의 삶이 있고 욕구와 소망이 있다는 것을 인정하면 이해하는 데서 한발 더 나아가 사랑스러운 존재로 바라볼 수 있게 됩니다. 여기서 내면의 삶이란 마음속에서 일어나는 무수한 서사들을 뜻합니다.

머독의 말에 따라 타인에 주목하면 주관성의 상실이 아니라 주관성의 정화로 이어집니다. 자신만큼 생기 넘치는 내면의 삶을 지닌 타인을 제대로 보게 되는 것이죠. 타인에게 주목하려는 노력을 통해 우리를 둘러싼 세계를 더 명료하게 보게 됩니다. 머독은 자신의 바깥에 있는 광대하고 다양한 실재를 깨닫는 것이 플라톤의 동굴 밖으로 나가는 것과 유사하다고 말합니다.

이렇게 하기 위해 필요한 것은 '선'입니다. 머독이 말하는 선은 한마디로 정의하기 어려운데, 단순히 '착함'이나 '좋음'을 의미하지 않습니다. 선은 초월적이고 완전한 것으로 우리의 인식과 독립적으로 존재합니다. 개념적으로 모든 덕 위에 있고, 그 모든 덕 안에 파편처럼 존재하며, 그 덕들을 위에서 비추는 바라보기조차 힘든 태양 같은 존재입니다. 아주 강한 빛이 물체를 투과하면 내부의 것을 명확하게 볼 수 있는 것처럼, 선 덕분에 타인의 내면에 주목할 수 있게 됩니다.

그래서 머독은 누군가와 잘 소통하고 싶다면 선한 사람이 되라고 말합니다. 선은 일종의 형이상학적인 북쪽을 가리키는데, 우리에게 도덕적 나침반으로써 내면의 방향을 비추는 역할을 합니다. 우리는 더 나은 행위로 향하는 '옳은 방향'이 존재한다는 것을 이미 알고 있지요. 그리고 '선이 정말 중요하다'는 것을 확신할 수도 있습니다.

머독은 선을 추구하고 선을 사랑하는 것은 무엇과도 타협할 수 없다고 말합니다. 선을 찾아 나서는 영혼에게 사랑은 에너지이자 열정입니다. 그리고 그 사랑의 존재는 우리가 탁월성에 끌리는 피조물이자 선을 위해 창조된 정신적인 피조물이라는 사실을 알려주는 뚜렷한 증거입니다. 사랑이야말로 태양이 발산하는 진정한 열과 빛이라고 말이죠.

우리가 타인을 잘 이해하고 소통하고 싶다면, 그를 바라보는 시선에 편파적이고 자기방어적인, 그리고 오염된 주관적 시선이 있는 건 아닌지 확인해야 합니다. 그 다음 자신의 내면에 있는 선이 비추는 대로 그를 주목합니다. 끈기 있고 애정이 담긴 존중의 시선으로 말이죠.

한두 번으로 잘 되지는 않겠지만, 최대한 편견을 내려놓고 주관적 시선과 자기방어적인 마음을 치우고 바라봅시다. 지나친 간섭 대신 자신이 살아온 경험과 지혜를 인정받고 싶어 하는 한 사람이 보일지도 모릅니다. 또한, 자신의 내면에 타인에게 드러내지 않는 무수히 많은 모습과 사연이 있듯이 그에게도 그런 부분이 있겠다고 생각해 보는 것도 좋겠습니다.

이런 과정을 통해 타인을 완전히 이해하게 되는 것은 아니지만 나와 같은 한 존재로 보게 됩니다. 이것을 자각하게 될 때, 그를 대하는 우리의 마음은 한결 편안해질 것입니다.

아이리스 머독 1919~1999

20세기 영국의 대표적 지성으로, 당대 최고의 베스트셀러 작가이자 철학자였다. 《바다여 바다여》라는 작품을 통해 1978년 부커문학상을 수상했다.

어떻게
용서할 것인가?

데리다와 해체주의

가장 많이 용서하는 사람은
가장 많이 용서함을 받을 사람이다.

_ 조시아 베일리

1930년 프랑스령 알제리의 엘 비아르에서 태어난 자크 데리다(Jacques Derrida)는 프랑스의 포스트구조주의 철학자입니다. 포스트구조주의란 20세기 중반, 기존의 구조주의에 대한 비판과 반성에서 출발한 활동을 말합니다.

데리다는 16~17세기의 종교개혁 때 스페인에서 프랑스령 알제리로 건너온 유대인 집안에서 태어났습니다. 그가 12세였을 무렵 제2차 세계대전에서 프랑스가 독일에 패하게 되는데, 이때 나치 정부에 협력했던 비시 프랑스(Vichy France)가 남프랑스에 들어섭니다. 이로 인해 알제리에서도 유대인 차별 정책이 시행되는데, 데리다 역시 이 시기에 학교에서 쫓겨납니다.

데리다는 철학을 더 깊이 공부하기 위해 프랑스 본토의 파리 고등사범학교에 진학합니다. 여기서 프랑스의 마르크스주의 철학자인 루이 알튀세르와 20세기의 가장 저명한 포스트모더니즘 철학자인 미셸 푸코를 만나게 됩니다. 알튀세르는 데리다에게 마르크스와 라캉의 중요성을 인식시켰고, 푸코는 알튀세르, 데리다와 함께 저명한 포스트 구조주의, 포스트모더니즘 철학자입니다.

자크 데리다의 해체주의와 용서

구조주의(structuralism)란 인간이 생각하고, 인식하고, 느끼고, 행하는 모든 것의 바탕이 되는 구조가 무엇인지를 밝히는 학문입니다. 데리다는 당시를 지배하던 철학이었던 구조주의를 비판하며 오히려 구조를 해체해야 한다고 주장하는 해체주의(de-constructivism)를 창시했습니다.

해체주의란 종종 당연하게 여겨지는 가정 또는 편향을 비판적으로 바라보는 사고방식입니다. 액면 그대로를 받아들이는 게 아니라 여러 관점에서 바라보고 호기심을 가지고 질문하고 생각하는 것입니다. 그리하여 텍스트, 아이디어, 구조 등에 더 깊이 파고들어서 그 안에 숨은 가정과 편향, 모순을 이해하라는 의미입니다.

데리다는 관습적이고 전통적으로 확실하다고 받아들이는 것, 진리라고 보는 것 등에 의문을 던집니다. 기존 철학의 기초가 되는 서구 형이상학을 비판하고 해체하려고 했습니다. 그는 서구 형이상학을 육체와 정신 중 정신을, 문자언어와 음성언어 중 음성언어를 우위로 보는 이성중심주의로 보았습니다. 그리고 여기에 모순이 있다고 보았습니다. 다시 말해 데리다의 해체주의는 서구 형이상학의 해체작업이라고 볼 수 있습니다.

데리다가 말하는 '해체주의'는 사실 열린 세상을 지향합니다. 모든 중심주의를 해체하여 완벽해 보이는 합리적 사회에 숨겨진 폭력적 억압을 드러냄으로써 완벽성과 합리성의 환상을 해체하는 것이죠. 데리다는 서양철학이 '선/악', '주관/객관', '남자/여자', '원조/모조', '강/약', '정상/이상', '자아/타아', '서양/동양', '동적/정적'처럼 근거 없는 우열을 가르는 이항대립을 구축한다고 보았습니다.

그래서 데리다가 말하는 '해체'는 단순한 해체가 아니라 새로운 구성을 의미합니다. 중심주의를 해체하면 해체주의 또는 분산주의가 구성됩니다. 여기서 분산주의는 다양성이 존중되는 열린사회를 지향하는 사고방식을 말합니다.

데리다의 문체는 이해하기 어렵기로 악명이 높습니다. 자신이 말한 '해체'를 자신의 문체에도 적용하기 때문입니다. 일부

비평가는 데리다의 생각이 너무 복잡하고 불필요하게 모호하기 때문에 그의 개념을 이해하는 것이 쉽지 않다고 말합니다.

또한 데리다는 모든 단어는 그 자체로 이해할 수 없고, 항상 의미가 변하며, 문맥과 독자에 따라 다양한 방식으로 해석될 수 있다고 주장합니다. 이런 주장들 때문에 데리다의 철학은 결국 모든 것이 해체되어 아무것도 남지 않는다는 극단적인 회의주의로 이어질 수 있다는 지적을 받기도 했습니다.

하지만 데리다가 모든 것을 해체하고 파괴하려고만 했던 무책임한 철학자는 아닙니다. 오히려 매우 윤리적인 철학자입니다. 그는 정의는 해체할 수 없다고 주장했는데, 이것은 허무주의로부터 세상을 보호하는 데리다의 방어벽입니다.

데리다는 용서에 대해서도 해체주의적 사고방식으로 접근합니다. 그가 말하는 용서는 단순하고 명확한 행위가 아니라 복잡하고 모순적인 성격을 지니는 과정입니다. 데리다는 고정된 정의나 조건을 거부하고, 용서의 근본적이고도 본질적인 모순을 탐구했습니다.

용서를 통한
마음의 평화

우리는 무엇을 용서할 수 있을까요? 용서는 가능한 일일까요? 데리다는 용서에 대해 다음과 같은 일곱 가지를 이야기합니다.

먼저, 데리다는 용서를 불가능한 것으로 보았습니다. 진정한 용서란 조건 없이 이루어져야 하며, 용서가 필요한 행위 자체도 용서하기 어려울 정도로 중대해야 한다고 말합니다. 이것은 용서가 단순히 상처를 넘어서는 것이 아니라 '근본적으로 용납할 수 없는 것을 포용하는 행위'라는 것을 의미합니다.

용서할 수 없기 때문에 용서가 필요합니다. 용서는 일상적이고 쉬운 행위가 아니라 극도로 힘든 도전입니다. 믿을 수 없는 것을 믿는 것이 진짜 믿음인 것처럼, 용서 또한 용서할 수 없는 것을 용서하는 것이 진짜 용서입니다. 데리다는 용서란 상대방이 사과하는 것과 전혀 관련 없이, 무조건 조건 없이 행해야 한다고 말하죠. 용서는 전적으로 용서하는 이의 내적인 결정이지 상대방의 행동에 의존하는 게 아니기 때문입니다.

두 번째, 용서는 정의와 다르다고 말합니다. 정의는 응징, 보복, 보상 등을 말하지만 용서는 이러한 요구를 아득히 초월합니다. 그가 말하는 용서는 용서라는 행위를 통해 어떤 이득을 보거나 목적을 달성하는 것이 아니라, 용서 그 자체가 목적인 것입니다. 용서해야 하는 이유를 떠올리는 순간, 용서는 도구가 되고 용서의 의미를 상실합니다.

세 번째, 용서는 단순히 과거의 어떤 잘못이나 상처를 잊는 것이 아닙니다. 용서는 자신의 상처받은 감정을 인정하고 그것을 넘어서려는 의지의 표현입니다. 그래서 용서는 타인을 위한 것이 아니라 자신을 위한 행위입니다. 오직 용서를 통해서만이 과거의 상처로부터 자유로워지며 마음의 평화를 찾을 수 있습니다.

네 번째, 용서는 한 순간의 사건이 아니라 과정이라고 합니다. 그래서 시간이 필요합니다. 내면 깊숙이 가라앉은 감정을 인정하고, 상처를 이해하며, 자신이 준비될 때까지 기다리는 것이 중요합니다. 용서로 나아가는 데 필요한 시간을 충분히 가져야 합니다.

이 과정에서는 상처 입은 마음을 치유하는 데 집중하는 것이 중요합니다. 상처받은 감정을 인정하고 흘려보내며 자신을 위로하며 내면의 평화를 찾는 것입니다. 그리고 가능하다면 상처를 준 사람과 대화를 해 보세요. 이해와 용서의 과정에서 대화는 중요한 역할을 합니다. 상처받은 나의 마음을 넘어 상대방의 마음과 생각과 상황을 이해하게 되면 마음속 엉켰던 매듭이 풀어지기도 합니다. 하지만 항상 가능하거나 적절한 것은 아닐 수 있기에 상황에 따라 신중히 결정해야 합니다.

다섯 번째, 용서는 의무가 아닙니다. 오직 당사자의 선택입니다. 어떤 상황에서는 용서가 적절하지 않을 수도 있습니다. 이것은 개인의 경험과 감정에 따라 다릅니다. 자신의 감정을 들여다보고 상황을 고려하여 용서가 정말 자신에게 맞는 선택인지 판단하는 것이 중요합니다.

또한, 용서가 곧 화해를 의미하지는 않습니다. 용서는 자신을 위한 행위이지 상대방과의 관계를 다시 쌓아 올리는 것은 별개의 문제입니다. 데리다는 용서가 일어나는 화해 상황에 집중합니다. 화해 그 자체를 반대하지는 않지만 용서가 보복을 막기 위한 도구로 쓰이거나 어떤 현상을 장려하기 위해서라면 진정한 용서가 아니라고 말합니다.

여섯 번째, 용서는 지극히 개인적인 내면의 여정입니다. 자신에게 용서가 어떤 의미인지 정의를 내리는 시간이 필요합니다. 상처받은 감정을 가만히 들여다봅니다. 분노, 원망, 슬픔, 배신감, 실망 등의 감정을 느끼는 것은 자연스러운 일입니다. 이러한 감정들을 숨기거나 억누르기보다는 인정하고 표현하는 것이 중요합니다.

그 감정과 반응에 대해 깊이 성찰하는 시간이 필요합니다. 감정 하나 하나를 잡고 이런 감정을 느끼는 이유를 생각하고 과거의 경험이 현재에 어떤 영향을 미치는지 깊이 이해하는 것이 중요합니다.

마지막으로, 용서는 상처 입은 당사자만이 할 수 있다고 말합니다. 오직 공격당하거나 피해를 입은 사람만이 용서할 자격을 갖습니다. 영화 〈밀양〉에서처럼 상처 입고 고통받은 피해자가 용서하지 않았는데 가해자가 스스로 신에게 용서받았다고 말하며 마음의 평안을 얻는 것은 오히려 피해자를 기만하는 일이며 더 큰 고통 속으로 밀어 넣는 일입니다.

용서의
진정한 가치

데리다는 자신이 생각하는 진정한 용서에 대해 다음과 같이 말했습니다.

"'당신이 용서를 구한 후 내가 말하는 몇 가지 행동을 한다면 당신을 용서하겠습니다'라는 조건을 붙이는 것은 진정한 용서가 아니다."

우리가 누군가를 용서해야 하는 이유는 상대방에게 무엇을 돌려받기를 원해서가 아닙니다. 과거의 잘못이나 행동에 대한 해결이나 보상이 아니라 순수한 타자에 대한 개방성을 의미합니다. 그래서 데리다가 말하는 용서는 피해자와 가해자 사이의 권력 구조를 해체합니다. 권력이나 통제의 수단이 아니라 인간성에 대한 근본적인 인정을 의미하는 것입니다.

우리는 흔히 용서가 자신에게 유익하기 때문에 반드시 필요하다고 교육받았습니다. 용서를 통해 얻는 이익이 있다는 말도 틀리지는 않습니다. 단지 용서의 가치가 용서 후에 받을 수 있는 효용과 연결이 된다면 데리다가 말하는 용서의 본질적인 특성을 벗어났다고 볼 수 있습니다.

용서는 우리가 다른 인간에게 나와 같은 한 존재로서 관심을 기울일 때 가능해집니다. 진정한 용서를 행한다면 다른 어떤 목적이 없어도 유익한 결과가 따라올 수 있습니다. 또한, 상처와 용서의 과정에서 중요한 것을 배우게 됩니다. 이러한 경험은 자신에게는 성장의 기회가 되고, 나아가서는 현재를 살아갈 때 더 강하고 현명한 선택을 할 수 있도록 도움을 줄 것입니다.

자크 데리다 1930~2004

프랑스의 포스트모더니즘 철학자이다. 1964년 에드문트 후설의 기하학의 기원을 번역한 공로를 인정받아 바카이예 상을 수상하며 이름을 알리기 시작했다. 당시 지배적이었던 철학을 비판하고 그 구조의 해체를 주장하는 '해체주의'를 창시했다.

인간에게는
'사랑의 기술'이 필요하다
프롬과 사랑의 기술

당신이 자신을 사랑하는 방법은
다른 사람들이 당신을 사랑하도록 가르치는 방법이다.

_ 루피 카우르

사람들은 보통 '사랑'을 아주 쉽게 생각합니다. 사랑은 어느 날 사고처럼 우연히 찾아오고, 그 감정에 자신을 던지는 것이 진정한 사랑이라고 여깁니다. 통념처럼 사랑이 단지 감정에 불과하다면 우리는 사랑을 배울 필요가 없습니다. 화가 나면 화를 내고 슬프면 슬퍼하는 것처럼 그저 열린 마음과 풍부한 감성만 있다면 어디서든 사랑에 빠질 수 있을 테니까요. 하지만 외부에서 오는 자극으로써의 감정은 상대방에게 의존하게 만들고 받는 사랑이 될 수밖에 없기에, 이런 일방적인 사랑은 결국 끝나게 됩니다.

《사랑의 기술》의 저자로 유명한 에리히 프롬(Erich Pinchas

Fromm)은 독일계 미국인으로 사회심리학자, 정신분석학자, 인문주의 철학자입니다. 나치가 독일을 장악한 뒤 유대인이었던 프롬은 미국으로 망명했습니다. 이후 프롬은 콜롬비아대학의 교수가 되어 학문적 연구를 계속했고, 1941년 《자유로부터의 도피》라는 명저를 탄생시킵니다.

1951년 멕시코로 다시 이주하여 작은 도시에 살면서 현대 사회와 인간에 대한 연구를 계속했습니다. 이때 프롬은 "인간은 자신의 성장이나 자아실현이 방해를 받으면 위기 상태에 빠지며, 이때 타인에 대한 공격성이 심해지거나 권위주의로 빠지게 된다"라고 말합니다.

프롬은 인간성에 집중했으며, 1956년 《사랑의 기술》을 출판합니다. 이 책에서 프롬은 사랑이 자연스럽게 알게 되는 수동적 감정이 아니라 인간이라면 반드시 배우고 가르쳐야 하는 기술이라는 파격적인 주장을 합니다. 사랑이 고정적인 대상을 향하는 단순 명사가 아니라 두 사람 사이에서 양방향으로 이루어지는 지속적이며 역동적인 활동이라는 것을 강조합니다.

프롬이 말하는 사랑의 기술은 '어떻게 사랑을 쟁취하나' 또는 '어떻게 사랑을 만나나'가 아니라 이미 시작된 사랑을 어떻게 잘 가꿀 수 있는지에 대한 방법과 기술입니다. 프롬은 이러한 1차원적인 생각이 바로 사랑에 대한 가장 큰 오해라고 말합니다. 진실하게 사랑하는 것은 정말 어렵고 지속적인 노력이 필요하다는 것이지요. 즉, 사랑한다는 것은 수동적인 감정이 아니라 적극적이고 능동적인 동사로써의 행위라는 의미입니다.

우리가
사랑할 수밖에 없는 이유

우리는 왜 사랑을 하는 걸까요? 프롬은 인간이 외롭기 때문이라고 말합니다. 그렇다면 인간은 왜 외로움을 느끼는 걸까요? 프롬은 자연에 속박되어 살아가는 동물과 다르게 인간은 자연의 속박에서 벗어나 자유롭기 때문이라고 말합니다.

자연에 속한 상태로 자연의 일부로 살아가는 동물은 그 속박을 벗어나겠다는 '생각'을 하지 않으며, 속박이라고 여기지도 않습니다. 그저 본능에 따라 살아갑니다. 하지만 인간은 자연 밖으로 나와 자연을 인간에게 유리하도록 가공합니다. 자연에는 존재하지 않았던 인위적인 것, 즉 제도와 문물, 문화 등을 만들기 시작한 것입니다.

인간은 본래 생각이 많기에 스스로 판단하고 해결하는 능력이 뛰어납니다. 그래서 자연의 힘에 맞서고, 자연의 힘을 이용하고, 자연을 변화시키기도 합니다. 이런 점이 인간을 위대하게 하지만 동시에 외로움의 근원이 됩니다. 다시 말해, 동물은 자연에서 태어나 자연 그 자체로 살다가 그 안에서 죽어 자연으로 돌아가기에 자연에 속한 존재입니다. 인간은 동물과 마찬가지로 자연에서 태어나지만 거리를 두고 독립적으로 살아가기에 자연에서 벗어난 존재입니다. 독립과 자유를 이루었지만 그로 인해 필연적으로 떨어져 나온 데 따른 외로움의 감정을 느낄 수밖에 없다는 거죠.

인간에게 자유는 무한한 가능성과 더불어 불안함을 동시에 줍니다. 자연 세계에서 분리되어 사는 인간은 필연적으로 외로움을 느끼고 불안을 느끼게 됩니다. 프롬은 그래서 인간이 서로의 품으로 외로움을 달래려 한다고 말합니다. 이렇게 인간은 사랑하는 능력을 갖추게 됩니다.

사랑의
여러 가지 형태

프롬은 《사랑의 기술》에서 우리가 사랑이라고 착각하는 가짜 사랑이 있다고 말합니다. 첫째, 숭배적 사랑입니다. 이 사랑은 사랑하는 사람을 절대적으로 우상화해서 자신을 잃어버리고 오직 상대에게 복종하는 사랑입니다. 이상화된 상대를 향한 기대가 너무 높기 때문에 상대는 그 기대에 결코 부응하지 못합니다. 결국 실망하고 불만에 빠지게 됩니다.

둘째, 감상적 사랑입니다. 사랑 그 자체를 이상화해서 현실에서의 사랑은 오히려 만족이 되지 않는 사랑입니다. 책, 드라마, 영화 같은 환상에 빠진 사람들은 현실에서의 사랑에 늘 실망할 수밖에 없습니다.

셋째, 투사적 사랑입니다. 자신의 부족한 부분을 상대방이 채워 주기를 원하는 사랑입니다. 구멍이 뚫린 항아리에 물을 붓는 것과 같죠. 아무리 해도 상대방은 자신을 채울 수 없는데, 매번 생기는 갈등을 자신이 아닌 상대방의 탓으로 돌리기 때문에 늘 갈등이 끊이지 않게 됩니다.

본래 사랑은 특정한 대상과의 관계가 아니라 세계 전체와의 관계를 결정하는 태도이자 성격의 방향입니다. 프롬은 누군가를 사랑할 때 그 사람 외의 모두에게 무관심하다면 사랑이라기보다는 애착이며 확대된 이기주의라고 말합니다. 중요한 것은 사랑을 하는 사람의 태도이고, 진정한 사랑은 인류애와 세계를 향한 사랑으로 확대되어 나갈 수밖에 없다는 것입니다.

그래서 누군가에게 "사랑한다"라고 말할 수 있다면 "당신을 사랑함으로써 나는 모든 사람을 사랑하게 되었고, 당신을 통해 세상을 사랑하며, 당신으로 인해 나는 나 자신까지도 사랑하게 되었다"와 같은 의미로 말할 수 있어야 한다고 주장합니다. 《사랑의 기술》에서는 이렇게 사랑의 진정한 성격과 방향을 설명한 뒤, 누가 누구를 사랑하느냐에 따라 사랑의 형태를 나누어 설명합니다.

어머니의 사랑은 무조건적입니다. 애써 노력해서 얻을 필요가 없고 보상을 바라지 않습니다. 하지만 무조건적이기 때문에 원한다고 해서 더 얻어 낼 수도 없고 '나'의 통제가 불가능합니다. 아버지의 사랑은 어머니의 사랑보다는 조건적이므로 사랑을 얻기 위해 노력할 수 있습니다. 하지만 아버지의 사랑은 때에 따라 거두어지기도 합니다. 주로 원칙과 권위로 자식을 통제할 때 그러하지요.

형제자매 간의 사랑은 서로에 대해 수평적입니다. 부모의 사랑이 어린 자녀에게 일방적인 것과 대조적이지요. 프롬은 형제자매 간의 사랑을 세상 속 타인과의 관계로 넓게 볼 수 있다고 말합니다. 그래서 형제자매 간의 사랑이 모든 사랑의 바탕에 있는 가장 기본적인 사랑의 형태라고 볼 수 있습니다. 모든 사람은 동등하다는 개념으로 시작하기 때문에 가장 열린 사랑입니다.

이성 간의 사랑은 가장 배타적입니다. 서로 독점하고자 하는 욕구가 가장 큰 특징이기 때문입니다. 이 배타성 때문에 사랑은 소유욕으로 변질되기 쉽습니다. 보통 이성 간의 사랑은 가장 쉽게 시작되고 가장 빨리 끝납니다. 근본적으로 어머니의 사랑과 방향이 반대입니다. 어머니의 사랑은 어머니와 하나였던 자녀가 성장하여 분리되는 것이 목표입니다. 그에 반해 이성 간의 사랑은 분리되어 있던 서로가 하나가 되는 것이 목표입니다.

자기애는 '사랑의 기술'이 가장 필요한 사랑입니다. 사람들은 대개 사랑이란 다른 대상에게 향하는 것이 자연스럽다고 생각하지만, 이는 마음 깊은 곳에 자기 자신을 사랑하는 것은 죄라는 생각이 자리하고 있기 때문입니다. 사랑이라는 하나의 공간이 한정되어 있어 자기 자신을 사랑할수록 남을 사랑할 공간이 적어진다고 생각하기 때문입니다.

이 때문에 자기애를 이기심과 동일하게 생각하는 경향이 있습니다. 하지만 프롬이 말하는 진정한 자기애는 자신만 생각하는 것이 아니라 사랑하는 모든 대상에 자기 자신까지 포함하는 것입니다. '자신을 사랑하지 못하는 사람은 누구도 사랑할 수 없다'는 격언이 자기애의 본질을 말해 줍니다.

마지막으로 신과의 사랑은 다양한 형태로 나타납니다. 공통적으로 어머니의 무조건적인 사랑과 상벌을 주는 아버지의 사랑의 모습을 동시에 가지고 있습니다. 여기에서 더 나아가 성숙된 단계의 절대적이고 영원한 사랑까지 포함합니다. 그래서 신과의 사랑은 현실에서는 불가능하기에 이해의 영역을 넘어서 신앙이 되는 것입니다.

스콜라 철학의 시조로 불리는 신학자이자 철학자인 안셀무스는 사랑해서 믿는 것이 아니라, 믿어서 사랑할 수 있다고 말합니다. 진정한 사랑은 이해하는 것이 아니라 그저 믿는 것이라는 말이죠. 믿지 않는 것을 사랑하거나 희망할 수는 없기에 사랑하기 위해서는 반드시 믿어야 한다고 주장합니다. 즉, 믿음이 사랑의 전제 조건이라는 의미입니다.

어떤 형태의 사랑을 하든, 우리에게 중요한 것은 참된 사랑을 추구하는 것입니다. 프롬이 말하는 참된 사랑은 '존재 방식의 사랑'이며, '소유 방식의 사랑'을 피하라고 말합니다. 사랑은 소유할 수 있는 물건이 아닙니다. 황금알을 낳는 거위를 잡아서 배를 갈라 황금을 차지하려고 하는 행위는 소유 방식에 해당합니다. 반대로 거위가 건강하게 잘 자라도록 곁에 두고 돌보는 것은 존재 방식입니다.

연애할 때 우리는 존재 방식의 사랑을 지향해야 합니다. 상대방에게 관심을 가지고 보살피며 이해와 헌신, 공감을 보여야 합니다. 하지만 사랑하던 두 남녀가 결혼하면 남녀의 사랑은 대체로 존재 방식에서 소유 방식으로 바뀝니다. 서로에게 관심을 보이고 보살피며 이해와 헌신을 보이지 않아도 상대방의 마음과 육체를 소유할 수 있다고 생각하기 때문입니다.

프롬은 물질이 아닌 추상개념인 사랑은 소유의 대상이 아니라고 말합니다. 사랑이 식는다거나 사라진다는 개념도 사랑이 존재 방식이 아니라 소유 방식으로 바뀐 증거라고 할 수 있습니다.

'존재'를
사랑하는 방법

프롬은 존재 방식으로 사랑하는 방법을 알려줍니다. 첫째, 사랑을 하는 자기 자신과 사랑하는 상대방에게 끊임없이 적극적으로 관심을 두는 것입니다. 관심을 두는 것은 자신과 상대방에 관해 깨어 있는 상태에 있다는 것이고, 깨어 있다는 것은 내면의 의식 공간 안에서 어떤 일이 일어나고 있는지를 바로 알아차리는 상태에 있다는 의미입니다. 자신의 내면과 상대방의 내면에서 어떤 일이 일어나고 있는지 알아차리기 위해서는 지속적인 에너지가 요구됩니다.

둘째, 사랑하는 이에게 집중하는 것입니다. 집중한다는 것은 상대방의 이야기를 경청하고, 에너지를 분산시키지 않으며, 이 에너지를 사랑하는 이에게 온전히 사용한다는 의미입니다.

셋째, 사랑의 기술을 숙달시키기 위해 자발적으로 훈련하는 것입니다. 사랑을 실천하는 것은 일시적으로 완수하는 과업이 아니라 평생에 걸쳐서 진행해야 하는 훈련과도 같습니다. 외부에서 강제되어 억지로 하는 게 아니라 스스로 하려는 의지가 필수이죠. 이제껏 살아온 방식과 달라서 자연스러운 저항이 생기지만, 결국 사랑하는 이와의 관계가 성숙해지는 일이라는 것을 확신해야 합니다.

넷째, 인내심이 필요합니다. 어느 분야든 기술을 숙달한 경험이 있는 사람이라면 무언가를 달성하는 데 인내가 필요하다는 것을 알고 있습니다. 지금처럼 빠른 속도로 변하는 시대에 인내라는 단어가 낯설지만, 사랑의 기술은 단시간에 익히지 못합니다. 우리에게 인내심이 요구되는 바로 그때가 가장 중요한 순간이라는 것을 명심해야 합니다.

프롬은 타인을 사랑하려면 먼저 자신을 사랑하라고 말합니다. 자기 자신을 사랑하는 것과 다른 존재를 사랑하는 것은 분리될 수 없는 관계라고 표현하죠. 또한, 다른 사람을 사랑할지 자기 자신을 사랑할지 둘 중 하나를 선택하는 것이 아니라 타인을 사랑할 줄 아는 모든 사람에게서 자기애가 발견될 것이라고 말합니다. 프롬이 말하는 자기애는 이기적이고 자기애착적인 자기애가 아니라 자신을 먼저 깊이 수용하고 이해하는 차원으로써의 사랑을 우선하라는 의미입니다.

이기심과 자기애는 반대의 개념인데, 이기적인 사람은 받는 데에서만 기쁨을 느끼며 주는 기쁨을 모릅니다. 이들은 상대방의 욕구에는 관심이 없으며 오로지 자신에게 이익이 되는지 아닌지로 사람을 판단합니다. 언뜻 보면 자기 자신만 사랑하는 것처럼 보입니다. 하지만 이들은 자신도 사랑하지 않습니다. 내면에 결핍이 많고 마음이 빈곤하기에 자신도 모르게 다른 사람을 착취하여 스스로를 채우려는 행위를 할 뿐입니다.

이와 반대 양상이지만 중심은 비슷한 경우도 있습니다. 전혀 자신을 위하지 않고 오직 타인을 위해서 사는, 자신을 소중히 여기지 않는 것을 자랑하는 마음을 가진 이들입니다. 이들은 자신이 타인을 위해 사는 것을 뿌듯해 하지만 실제로는 사랑하는 능력이 없고, 이들의 마음에는 삶을 향한 적의로 가득 차 있습니다. 결과적으로 이들은 늘 불행합니다. 대개 가까운 이들과의 관계도 틀어져 있습니다.

이 두 가지 양상은 자기 자신을 사랑하지 않기 때문에 생기는 현상입니다. 프롬에 의하면 진정한 자기애는 타인을 사랑하는 능력의 전제 조건입니다. 이러한 자기애는 자기존중과 배려에 관한 것이며, 이것이 다른 사람을 진정으로 사랑할 수 있는 토대를 마련합니다. 자신을 배려하고 존중하는 방식으로 다른 사람과도 건강하게 관계를 맺을 수 있게 됩니다. 프롬이 말하는 진정한 자기애는 '자신만' 사랑하는 것이 아니라 '자신까지 포함해서' 사랑하는 것이라는 것을 기억하길 바랍니다.

에리히 프롬 1900~1980

프랑크푸르트 학파에서 활동했으며, 오랫동안 프로이트에 대해 연구하며 비판했다. 파시즘 돌풍에 대중이 말려들어가는 것을 목격하며 '자유의 의미'를 찾는 데 일생을 바쳤다.

공존의 대상으로
타인을 보는 법

부버의 참된 만남

다른 사람을 존중함으로써
우리는 스스로도 존중받게 된다.

_ 허버트 스펜서

"다른 집 애들보다 못해 주는 것도 없고 집중해서 공부만 하라는데 우리 애는 왜 그거 하나를 제대로 못하는지 모르겠고 너무 속상해요."

우리는 이런 말을 하는 부모를 종종 만납니다. 물질적인 지원이 부족한 것도 아닌데 성적이 안 나온다고 말이죠. 모임에 나가서 다른 친구들의 자식 자랑을 듣고 있자면 화도 나고 창피하기도 해서 모임도 기피하게 된다고 합니다. 자식은 공부를 닦달하는 부모가 짜증나고, 부모는 공부 하나 제대로 하지 않는 자식에게 화가 납니다. 자연스럽게 사이는 나빠지게 되겠죠. 부모자식의 관계가 이렇게 뒤틀린 잘못은 누구에게 있을까요? 이 문제의 해답을 제시한 철학자가 있습니다. 바로 오스트리아 출신의 철학자 마르틴 부버(Martin Buber)입니다.

부버는 오스트리아 출신의 유대인 사상가이자 유대계 종교 철학자입니다. 1878년 오스트리아 빈의 유대인 가정에서 태어난 부버는 부모님의 이혼으로 14세까지 할아버지 집에서 살았습니다. 그의 할아버지 살로몬 부버는 랍비문학가이자 사업가였는데, 부버는 유년 시절에 조부모를 통해 그가 연구하는 학문의 토대가 되는 정신적 기반을 닦았습니다. 부버는 할아버지에게 헤브라이어를 배우고 랍비의 문학을 접했습니다. 또한, 할아버지는 손자와 산책을 즐겼는데, 이로 인해 부버는 책뿐만 아니라 자연을 사랑하는 마음도 키우게 되었습니다.

청소년 시기에는 아버지와 종종 하시딕 공동체의 안식일 행사에 참석했습니다. 이들을 하시딕 유대교(Hasidic Jewish)라고 하는데, 유대교 중에서도 신비주의적 교파에 해당하는 교리를 따르는 이들인 하시딤(hasidim)입니다. 하시딤은 하시디즘(hasidism)을 신봉하는 자들로, 자비의 마음으로 세계와 삶을 바라보고 자신의 현실을 긍정합니다. 그리고 더 나아가 현실과 자기 자신을 더 긍정적인 방향으로 변화시키려고 노력합니다.

부버의 사상을 이해하려면 '하시디즘'과 '만남의 철학'에 대한 이해가 필요합니다. 만남의 철학은 하시디즘을 토대로 만들어

졌기 때문에, 하시디즘을 알지 못한다면 부버를 이해하기 힘들
수 있습니다.

'나-너' 관계와
유대교

하시디즘은 18세기 동유럽 국가에서 시작한 유대교 종교 운
동입니다. 하시딤은 자비(kindness)를 뜻하는 단어에서 나온 단
어이고, 유대교에서는 신실함을 의미하는 용어이기도 합니다.
또한, 신을 섬기고 타인을 사랑하는 신실한 마음을 뜻합니다.
영적인 헌신을 뜻하는 단어로도 사용됩니다.

하시디즘은 복잡한 탈무드나 경전에 대한 믿음이 아니라 신
의 계시에 담긴 현재의 의미를 강조했습니다. 구원이 현재 속
에 있다고 가르쳤으며, 사색을 통해 개인의 영혼을 정화하는
것을 중요하게 여겼습니다. 신을 향한 충실함과 선행은 일상
의 모든 순간에서 중요하다는 의미입니다. 부버는 이들에게서
인간성(humanity)과 진정한 공동체 정신을 느꼈고, 그 영적인
힘에 매료되었습니다.

하지만 성장하며 세상의 다양한 지식을 접하게 되자 하시디
즘을 '미신적이며 퇴행적인 것' 정도로 생각하게 되고 차츰 멀
리합니다. 부버는 칸트, 니체, 키르케고르와 같은 철학자들의

저서를 탐독했고, 1896년부터 빈대학에서 철학과 예술사를 공부했습니다. 이후 베를린대학, 라이프치히대학, 취리히대학 등에서 철학, 문학, 심리학, 미술 등을 공부하다가, 부버의 인생에 큰 영향을 준 두 스승 게오르그 짐멜과 빌헬름 딜타이를 만나게 됩니다.

짐멜은 생철학(Philosophy of life)의 대표 철학자입니다. 생철학은 생(life)을 세계의 모든 사물보다 중요하고 우선되어야 하는 근본적인 것으로 생각합니다. 이성을 통한 합리적인 지적 인식으로는 불가능하며 오직 합리적인 직관이나 심정적인 체험에 의지할 수밖에 없다고 주장하는 철학 사조가 바로 생철학입니다. 1920년대 이후로 이 생철학의 사조를 이어받은 실존주의가 나타났습니다.

짐멜은 사회란 개인을 초월하여 실재하는 실체 개념이 아니며, 각 분야의 기능적인 상호작용일 뿐이라고 주장했습니다. 그는 오직 사회 구성원인 인간의 상호작용만이 실재하며 통일체로써의 사회는 실재하지 않는다고 말했습니다. 그리고 우리 삶에서 종교의 역할이 무엇인지 연구했는데, 부버는 그의 영향으로 신앙의 유형을 구별할 수 있게 됩니다.

딜타이는 관념론자이며 짐멜과 같이 생철학의 대표 철학자입니다. 딜타이는 과학을 정신과학과 자연과학으로 구분했습니다. 그리고 철학을 '모든 과학의 과학'이라고 규정하고 정신과학의 방법론을 연구했습니다. 그는 지적인 활동뿐 아니라 의지와 감정도 자아(自我)에 포함시켰습니다. "앎의 주체는 필연적으로 거리를 두는 관찰자가 될 수 없으며 스스로 참여해야만 한다"는 주장은 부버의 학문적 방법론에 큰 영향을 주었습니다.

대학시절 부버는 팔레스타인 지역에 유대 민족 국가를 건설하는 것을 목표로 하는 유대민족주의 운동인 시오니즘 (zionism) 운동에 참여했다가 목적만을 중요하게 생각하는 그들에게 실망하고 다시 유대교를 연구하기로 결심했습니다.

1923년 프랑크푸르트대학교의 교수로 있을 때 유대인과 기독교인을 포함하여 서양 사상에 큰 영향을 미치는 저서《나와 너》를 출판합니다. 이 책의 메시지는 '모든 참된 삶은 만남이다'라는 것입니다. 부버의 삶도 자신이 책에 담은 메시지인 '나-너'의 관계를 회복하려는 노력으로 가득 차 있습니다.

'나-그것'의 관계를 '나-너'의 관계로

마르틴 부버는 인간이 자신을 둘러싼 세계와 두 가지 방식으로 관계를 맺는다고 보았습니다. 첫째, '나-그것'의 관계인 사물의 세계입니다. 둘째, '나-너'의 관계인 인격적 만남의 세계입니다. 둘 중 어떤 관계를 맺느냐에 따라 우리의 살아가는 방식이 달라집니다.

'나-그것'의 세계는 경험, 인식, 이용의 대상이 되는 세계입니다. 우리가 '경험한다'라는 표현은 우리가 세계를 객체로써 소유하고 이용한다는 의미입니다. 이때의 세계는 경험과 이용의 대상입니다. 우리에게 단지 도구적 존재일뿐, 경험하는 주체와 적극적이고 직접적인 관계가 아닙니다. 경험하는 '나'는 '나-그것' 세계에서의 방관자이자 관찰자입니다.

'나-너'의 세계는 경험의 대상이 아닙니다. '나-그것'에서의 '그것'은 다른 것으로 대체될 수 있지만, '나-너'에서의 '너'는 다른 어떤 것으로도 대체될 수 없는 인격적 존재입니다. 그래서 인간은 '나-너'의 관계에서만 서로 참된 인격으로 관계합니다. 부버는 이 관계가 직접적이고 상호적이며 근원적이라고 말합니다.

'나-너'의 관계가 근원적이라는 말의 의미는 '나'가 존재하기 이전에 '나-너'의 관계가 먼저 있었다는 뜻입니다. '나'라는 단어 자체에 '남이 아닌 자기 자신'이라는 의미가 있습니다. '남'이 존재해야만 '나'가 정의된다는 것이죠. 그래서 '나'는 그저 홀로 존재하는 게 아니라 '나'의 밖에 있는 존재, 즉 남과의 관계 속에서 존재합니다. 그래서 '나-너'는 곧 '나-남'이라고 표기할 수 있습니다.

부버는 나와 남의 관계를 두 가지로 구분합니다. '나'와 '그것'인지 '나'와 '너'인지로 말이죠. 즉, 남은 나와의 관계에서 두 가지 방식으로 존재합니다. 그리고 남이 나에게 '그것'으로 존재할지, 아니면 '너'로 존재할지는 오직 '나'만이 결정할 수 있습니다. 우리가 누군가를 경험과 이용, 수단의 대상으로 바라본다면 그 누군가는 '나'에게 '그것'이 됩니다. 비인간적이고 일방적인 관계입니다.

그런데 우리가 누군가를 온전히 존재로 바라보고 인간적으로 대하면 그때의 상대방은 나에게 '그것'이 아니라 '너'가 됩니다. 내가 누군가를 어떻게 대하느냐에 따라 나와 그의 관계는 '나-너'가 되기도 하고 '나-그것'이 되기도 한다는 말이죠. 그래서 부버는 '나-그것'의 관계가 아니라 '나-너'의 진실된 만남을 지향하자고 주장합니다.

부버는 유대인이었기에 나치의 박해를 받았습니다. 제2차 세계대전 당시 나치의 유대인 대학살을 지켜본 부버는 인간과 인간의 관계가 어떠해야 하는지 깊은 고민에 잠기게 됩니다. 인간과 인간의 사이가 '나-그것'이 아니라 '나-너'의 진정한 만남이 된다면 그런 참혹한 일은 일어나지 않을 것이라고 생각했습니다.

또한, 부버는 전 세계로 뿔뿔이 흩어진 유대인을 모아 옛 이스라엘을 건설하려고 힘썼지만, 그렇다고 그 땅에 살고 있는 팔레스타인인을 몰아내려 하지는 않습니다. 그는 고대 이스라엘 땅에 건설될 이스라엘은 유대인과 아랍인의 연맹 국가가 되어야 한다고 주장했죠. 팔레스타인인뿐 아니라 아랍인 모두와 함께 공존하는 운동을 실천하려고 했습니다. 부버의 외침에도 이스라엘은 팔레스타인과 '나-너'의 관계를 만들지 못했습니다. 그의 사상이 지금까지도 진실한 울림이 되는 것은 유대인인 그가 자신의 사상과 주장을 스스로의 삶 전체를 통해 보여주었기 때문입니다.

부버는 "삶은 만남이며 진정한 만남이 행복을 가져온다"고 말합니다. 우리가 '나-그것'이 아닌 '나-너'의 관계를 맺으면 행복하게 살 수 있다는 의미입니다. 이때 '너'의 대상으로 가족을 생각할 수 있습니다. 부모님이나 형제자매를 대할 때 목적을 가지고 대하지 않기 때문입니다. 그런데 우리가 부모님을 단지 나에게 용돈을 주는 사람, 내 불편을 해결해 주는 사람이라고 생각한다면 그 관계는 '나-너'가 아닌 '나-그것'이 됩니다. 슬픈 일이죠.

부버가 말하는 두 가지 관계 방식인 '나-너'와 '나-그것'은 사람과의 관계만을 가리키지는 않습니다. 부버는 '나-너'의 관계가 세 가지 영역으로 성립된다고 말합니다. 첫째, 자연과 더불어 사는 삶, 둘째, 사람들과 더불어 사는 삶, 셋째, 영적인 존재와 더불어 사는 삶입니다.

먼저 자연과 더불어 사는 삶을 보면, 인간이 자연을 이용과 정복의 대상으로 본다면 '나-그것'의 관계가 됩니다. 인간이 자연을 이용과 정복의 대상으로 보는 시선은 서구의 근대 사상과 연결되는데, 16세기 영국 고전경험론의 창시자인 프랜시스 베이컨(Francis Bacon)은 "자연을 이해하면 자연을 이용하고 정복할 수 있다"고 말했습니다. 이 말에서 인간이 자연을 지배할 수 있다고 보는 자연관이 드러납니다. 인간은 '나', 자연은 '그것'입니다. 결과적으로 이 관계를 통해 생태계 파괴가 일어납니다.

인간이 자연을 '그것'이 아닌 '너'로 보았다면 인간은 자연을 최소한으로 훼손하고 생명체와 더불어 살려고 노력했을 것입니다. 정복의 대상이 아니라 공존의 대상으로 보는 것이죠. 부버는 인간과 자연과 관계처럼 두 번째의 인간과 인간, 세 번째인 인간과 영적인 존재와의 관계에서도 '나-너'의 관계가 되어야 한다고 주장합니다.

선택하는 행위자, 자유로운 행위자, 책임을 지는 행위자

부버는 '나-너'의 관계 속에 있는 사람만이 자유인이라고 주장합니다. 자유인은 '선택하는 행위자, 자유로운 행위자, 책임을 지는 행위자'입니다. 부버는 개인의 삶에서 주체성, 선택,

책임을 강조합니다. 자유를 가지는 반면 자신의 선택에 대한 책임을 져야 한다는 의미입니다.

"참다운 인간이란 상대를 있는 그대로 바라보면서 진정한 만남을 통해 자신의 실존을 만들어 가는 창조자이다."
"영혼이란 내 속에 있는 것이 아니라 나와 너 사이에 있다."
"사랑이란 너라는 한 사람에 대한 나의 책임이다."

부버는 진정한 삶을 위해 '너'가 되어 줄 타인과 만나야 하고, 자신의 영혼을 아끼고 가장 귀하게 여기는 방법은 '나-너'의 관계를 잘 돌보는 것이라 말합니다. 그러므로 사랑은 오직 '나-너'의 관계로만 가능합니다.

우리는 부버의 말을 곰곰이 생각해 볼 필요가 있습니다. 자식과의 관계를 당연히 '나-너'라고 생각했다면 다시 되짚어 봅시다. 어쩌면 자식을 자신의 자존심을 세워 줄 수단으로 보고 있지는 않았나요? 말로는 자식을 위해서라고 하지만, 사실은 내 자부심을 채우기 위한 건 아니었을까요? 이러한 관계는 '나-너'가 아니라 '나-그것'의 관계입니다.

요즘 어떤 생각을 하는지, 앞으로 어떤 삶을 살고 싶은지, 무엇을 할 때 가장 행복한지 진솔하게 물어본 적이 있는지 생각해 보면 좋겠습니다. 닦달 대신 진심을 담아 눈을 마주하고 "오늘은 좋은 하루를 보냈니?"라고 물어보세요.

처음엔 어색할 것입니다. 하지만 이런 과정을 통해 자식을 나의 필요에 의해 쓸 수 있는 수단인 '나-그것'의 관계로 보던 관점을, 진심으로 아끼고 귀하게 여기는 '나-너'의 관계로 바꾸어 나가게 될 것입니다.

마르틴 부버 1878~1965

독일 문학의 최고 명예인 괴테상과 독일 도서무역연합 평화상을 수상하는 등 저서에 대한 평가가 높다. 인간상실, 인간소외 문제에 대한 해결을 고민했으며, 유대적 인간관을 현대에 살리려고 노력했다.

3장

쇼펜하우어처럼
버려라

고통에 주저앉지 않는 법

나 혼자만
정체된 것처럼 느껴질 때
키르케고르와 실존주의

우리는 반복적으로 행하는 존재이다.
따라서 탁월함은 행동이 아니라 습관이다.

_ 아리스토텔레스

최근에 자신이 반복된 업무를 수행하는 기계 속 부품이 된 것처럼 느껴진다고 말하는 사람이 많습니다. 부서 이동이 없는 회사에서 오랫동안 일했거나, 단순하게 반복되는 업무를 맡아 새로운 자극이 없거나, 직장과 집을 오가는 것 외에 특별한 일이 없는 일상을 반복하는 사람이 많기 때문입니다.

매일 똑같은 삶을 살다 보니 어느새 불안감이 밀려듭니다. 남들과 비교하면서 자신의 노력이 턱없이 부족한 건 아닌지 걱정을 반복합니다. '당장 어학 공부라도 시작해야 할까?', '내일부터 미라클 모닝이라도 해야 하나?' 같은 걱정입니다. 그러다가 지금처럼 살면 빠르게 변화하는 세상에서 혼자만 도태될 것 같다며 불안하고 초조해 합니다.

가끔 변화라는 단어가 나오는 거리가 먼, 다른 세상의 이야기처럼 느껴질 때가 있습니다. 그러나 현대 사회는 무엇이든 매우 빠르게 바뀌고, 누구나 변화를 외치며, 이런 분위기에 함께하지 않는 사람을 실패한 사람이라고 생각합니다. 적응하는 데 속도가 느린 사람을 바라보는 시선도 별반 다르지 않습니다. 그렇다면 어떻게 해야 뒤처지지 않으면서도 변화에 쫓기는 삶에서 빠져나올 수 있을까요?

불안의 쓸모와
절망이 주는 기회

우리가 세상의 빠른 변화에 적응하는 문제로 불안해하거나 고민할 때 그 속에는 가장 중요한 것이 빠져 있습니다. 바로 '무엇을 위해 변해야 할까?', '나는 어떻게 바뀌고 싶은가?'라는 질문과 그에 대한 답입니다. 많은 사람이 '변화'라는 단어에서 오는 속도감과 압박감에 짓눌려 중요한 부분을 놓칩니다. 사실 변화는 한 사람이 가진 삶의 태도에서 파생되는 일부에 불과하기에, 변화 그 자체보다는 자신의 내면에 초점을 맞추어야 합니다.

실존철학의 선구자로 알려진 덴마크의 철학자 쇠렌 키르케고르(Søren Aabye Kierkegaard)는 불안이 자기 자신을 파악하는 데 도움이 된다고 말합니다. 이를 한마디로 정리하면 '불안의 쓸모'라고 할 수 있습니다. 이러한 실존주의의 핵심은 '실존이 본질에 앞선다'입니다.

이를 이해하기 쉽게 설명해 보겠습니다. 컵의 본질은 액체를 담는 것입니다. 그러므로 컵은 액체를 담기 위해서 만들어집니다. 이것은 '본질이 실존보다 앞선다'는 뜻입니다. 인간은 컵과 다릅니다. 인간은 실존이 본질보다 앞섭니다. 인간만이 세상에 살아가는 동안 자신의 본질을 찾습니다. 내가 먼저 존재(실존)하고, 매 순간의 선택을 통해 내가 규정(본질)됩니다. 그러므로 불안은 인간 존재에 필연적인 감정입니다.

키르케고르는 불안을 '자유의 현기증'이라고 묘사합니다. 우리는 살아가면서 수많은 가능성 중 하나를 선택하고 동시에 다른 가능성을 포기해야만 합니다. 여기서 불안이 시작합니다. 그러나 이를 달리 말하면, 인간에게 언제나 모든 가능성이 열려 있다는 뜻이 됩니다. 키르케고르가 "(불안은) 인간이 본성적으로 완벽함을 추구한다는 사실을 보여 주는 증거이자 더 고결한 삶을 그리워하는 마음"이라고 설명하는 이유입니다. 또한, 키르케고르는 불안과 두려움의 파도를 이겨 내고 용기를 내어 자신이 원하는 삶을 선택할 줄 알아야 한다고 이야기합니다.

키르케고르는 우리가 절망하는 순간이 곧 기회의 순간이라고 말합니다. 물론 절망에 빠진 순간에는 무척 괴롭고 힘듭니다. 하지만 이럴 때일수록 혼자 사색하면서 '나는 누구인가', '나는 어떻게 살아야 하는가'와 같은 질문을 하면 자신의 내면을 보다 더 깊이 들여다보게 됩니다. 고통 없이 성찰할 수 있으면 좋겠지요. 하지만 절망에 빠진 순간의 사색처럼 깊이 들여다보기는 어렵습니다.

우리는 매일 더 나은 모습으로 성장하기를 원하지만 노력이 허사로 돌아가는 것이 두려워 평소와 같은 삶을 살아갑니다. 현재의 자신과 원하는 자신 사이의 괴리에 불만인 채로 말입니다. 스스로를 채찍질하는 마음 깊은 곳에는 원하는 모습으로 바뀌지 못하는 자신을 미워하는 마음이 담겨 있습니다.

왜 우리는 이토록 스스로를 바꾸려 하고, 왜 우리는 이토록 현재의 자기를 부정하는 데 에너지를 쏟을까요? 나라는 존재는 무엇이며 미래에 되고 싶은 존재는 무엇일까요? 이 질문들의 답을 모르겠다면 우리는 자신이 누구인지, 또 어떤 사람인지 잘 모르는 채로 사는 것은 아닐까요?

어쩌면 그저 외부의 기준에 스스로를 맞추려 노력하고 있는지도 모릅니다. 어떠한 목표를 이루기 위해 달려나갈 때 누군가가 "왜 그렇게까지 하나요?"라고 질문하면 생각보다 많은 사람이 쉽게 대답하지 못합니다. 이런 걸 보면 이 추측이 아주 틀린 것만은 아닌 듯합니다.

'오늘'을 들여다보면
'내일'의 정답이 보인다

창조, 도전, 혁신과 같은 개념이 신격화된 시대에 오직 한 사람, 키르케고르만이 변화가 아닌 반복에 집중해야 한다고 주장합니다. 키르케고르는 "인생은 반복 그 자체"라고 말합니다. 인생이 아름다운 이유는 반복한다는 사실 때문이며, 그것을 깨닫지 못하는 사람은 결국 몰락할 수밖에 없다고 경고합니다.

키르케고르는 인간의 내면에 집중합니다. 그는 인간을 그저 욕망으로 가득찬 자기중심적이고 이기적인 존재로 보지 않습니다. 스스로를 온전히 책임지고, 참다운 자신을 만들기 위해 노력하며, 앞으로 나아가는 실존적 주체로 바라봅니다. 여기서 말하는 실존은 누구도 대신할 수 없고 대체할 수 없는 '바로, 지금, 여기'에 존재하는 개별적이고 구체적인 존재 방식입니다. 매 순간 스스로를 온전히 책임지며 나아가는 실존적 주체로서의 삶의 방식입니다.

인간은 생각보다 훨씬 더 다양한 면을 가지고 있습니다. 우리 인생은 언뜻 보면 단순하고 평범해 보일지 모르지만, 자세히 들여다보면 삶의 순간순간이 극적인 변화로 가득합니다. 반복되는 것처럼 보이는 일상 역시 매 순간 용기 내어 선택한 결과물로 완성된 것입니다. 끊임없이 흐르는 시간 속에서 자신만 멈춰 있다고 느끼는 이유는 오히려 앞으로 나아가기 위해

무던히 애쓰기 때문입니다. 정말 정체되어 있다면 시간의 물살에 휩쓸려 떠내려가겠지요. 남들은 잘 모를 수 있지만 우리는 생각보다 꽤 용기 있고, 모험적이며, 창조적인 인생을 살고 있습니다.

영화 〈월터의 상상은 현실이 된다〉의 주인공 월터는 라이프 잡지사의 필름 현상 부서에서 16년째 근무하고 있습니다. 그는 조용하고 어두운 필름 현상실에서 맡은 일에 책임을 다하며 묵묵히 일하는 조용한 사람입니다. 모험은커녕 일상에서 어떤 일탈도 하지 않을 것 같은 모범생이지요. 아마 특별한 일이 생기지 않는 한 다음 날도 비슷한 하루를 보낼 것입니다.

영화의 중반부터 월터가 변합니다. 마치 다른 사람이 된 것처럼 말입니다. 그는 외부의 사건이나 타인의 도움 때문이 아닌, 스스로 바뀌기로 마음먹었기에 변화합니다. 직장 생활을 하는 동안 자신의 내면에 두고 꺼내지 않았던 모험심, 용기, 창조성을 마음껏 드러냅니다. 평소 상상만 했던 화려하고 활발한 자신의 모습은 사실 월터가 되고자 했던 본연의 모습이었습니다.

마르틴 하이데거는 자기 내면에 없는 무언가를 새롭게 원하는 것은 불가능하다고 말합니다. 자기 자신이 되고자 하는 욕구는 주로 불평과 불만의 모습으로 우리의 마음을 불편하게 만듭니다. 또한 미래에 어떤 사람이 되어야 하고, 어떻게 살아야 할지에 대해 고민하게 합니다. 사실 그 정답은 이미 자기 안에 있습니다. 불편한 마음을 없애기 위해 다른 곳으로 주의를 돌리기보다는 그 마음에 깊이 머물러 보면 어떨까요? 자신이 정말로 원하는 것을 찾을 기회입니다.

매일 똑같은 하루를 반복한다고 생각할 수도 있지만, 사실은 그 안에 더 나은 선택을 위한 고민이 있습니다. 그리고 인생이 그런 순간들의 합이라면 자기 생각, 감정, 욕구를 의식하고 늘 깨어 있는 채로 '바로, 지금, 여기'를 살아가겠다고 생각하는 게 어떨까요?

쇠렌 키르케고르 1813~1855

실존주의 철학자로 손꼽히는 만큼 이론보다 삶 자체를 중요하게 여겼다. "나의 삶은 어두운 밤과 같다"와 같은 표현 등은 쇼펜하우어보다 더욱 염세적으로 느껴지기도 하지만, 그럼에도 나 외의 것에 책임을 돌리지 말고 최선을 다해 노력하며 살라고 주장했다.

인생이 왜
고통이라는 것일까?

쇼펜하우어의 연민

인생은 고통이며, 고통은 집착에서 비롯된다.
집착을 버림으로써 우리는 고통의 소멸에 이를 수 있다.

_ 아르투어 쇼펜하우어

직장 상사 때문에 괴로운 사람들을 많이 봅니다. 사사건건 트집을 잡고 인신공격하는 상사 때문에 직장에 가는 것조차 힘이 들기도 합니다. 그 사람의 주름지고 일그러진 표정 때문에 늘 화가 난 것처럼 보이기도 하지요. 그 상사는 도대체 왜 그러는 걸까요? 이 고통에서 벗어나는 방법은 직장을 그만두는 것뿐일까요? 참으로 알 수 없는 문제입니다.

지금 마음이 어떤가요? 평안하십니까? 아니면 고통으로 가득 차 있나요? 우리 삶을 편하게 해 주는 기술이 빠르게 발전하고 있지만, 그에 못지않게 새로운 문제들이 수도 없이 쏟아집니다. 내 잘못만은 아닌 것 같은데 왜 이리 괴로움 투성이일까요?

많은 사람이 타인 때문에 괴로움을 겪습니다. 도무지 혼자의 힘으로 해결하기 힘들어 보이는 문제들로 가득하지요. 우리는 고통의 본질을 파악하고 근본적으로 해결할 방법을 찾아야 합니다.

인생의 기본값은
고통이다

독일의 철학자 아르투어 쇼펜하우어(Arthur Schopenhauer)는 세계란 살아남고자 하는 맹목적인 '의지'가 객관화된 것이라고 주장합니다. 쇼펜하우어가 말하는 의지는 단순한 도덕적 결단이 아니라 의식적인 욕망, 욕구, 동경, 괴로움 등 살면서 겪는 모든 충동을 말합니다. 쇼펜하우어는 배가 고프면 음식을 찾고, 졸리면 자고 싶은 욕구도 의지라고 말합니다.

동식물은 자신의 세포 중 약한 세포를 도태시켜 살아남으려고 합니다. 여기에는 계속 존재하고자 하는 욕망을 제외하면 별다른 목적이나 의미가 없습니다. 사람도 마찬가지입니다. 그는 인간의 모든 행동이 '존재하고 싶다'라는 의지가 유발한 것에 불과하다고 말합니다. 인간은 스스로를 자기 인생의 주인이라고 생각하지만, 사실은 그저 삶의 의지에 따라 움직이는 나약한 존재라는 것입니다.

그는 이러한 맹목적인 의지 때문에 사람들 사이에서 다툼이 일어나고, 인류의 고통이 사라지지 않는다고 보았습니다. 모든 존재가 지닌 의지는 저마다 다른 방향으로 향하기에 필연적으로 다른 존재의 의지와 충돌합니다. 사회가 계속 진보하고 긍정적인 방향으로 변할지라도, 개인이 느끼는 괴로움은 사라지지 않는 이유입니다.

"인생은 고통이다."

쇼펜하우어가 한 말입니다. 그의 관점에 따르면 우리가 사는 현실은 우리가 생각할 수 있는 최악의 상황입니다. 마치 태어나자마자 감옥에 갇힌 채 살아가는 것처럼 말입니다. 고통이 삶의 본질이고 행복은 고통이 일시적으로 부재한 상황입니다.

맹목적인 의지, 즉 욕망은 밑이 깨진 독처럼 아무리 충족시켜도 해소되지 않습니다. 욕망을 충족했을 때 오는 만족감은 일시적이며, 곧 권태라는 이름만 다른 고통에 다시 빠지게 됩니다. 결국, 인간은 결핍과 권태를 오가며 영원히 고통받을 수밖에 없는 존재입니다.

그렇다면 인간은 늘 고통 속에서 살아야 하는 걸까요? 쇼펜하우어는 노동과 궁핍, 불행과 고통이 인생의 본질이라고 보았습니다. 그렇기에 이것을 삶에서 완전히 지울 수는 없지만, 잠시나마 평안을 찾을 방법을 하나 제안합니다. 바로 예술, 특히 음악입니다.

영화 〈인생은 아름다워〉는 제2차 세계 대전 당시 참혹한 유대인 수용소 안에서도 웃음과 생의 의지를 잃지 않았던 한 남자, 귀도의 이야기를 다룹니다. 귀도는 유대계 이탈리아인입니다. 전쟁이 끝날 무렵, 유대인인 귀도는 아들과 함께 수용소에 수감됩니다. 이탈리아인인 아내 도라는 수용소행에서 제외되었으나 남편과 아들이 끌려간 것을 알고서는 자신도 스스로 수감자가 됩니다.

유대인 수용소 내 장교 식당에서 서빙을 하는 귀도는 도라의 생사를 알지 못해 괴롭습니다. 어느 날 그는 몰래 식당의 축음기로 아내와 함께 들었던 오페라 '호프만의 뱃노래'를 다른 수용소 건물에서도 들을 수 있도록 크게 틉니다. 자신의 생존을 아내에게 알리고, 그와 동료들이 잠시나마 고통을 잊길 바라는 마음에서 한 행동이었습니다.

귀도는 음악의 위력을 잘 알고 있었습니다. 물론 음악이 이들을 수용소에서 해방할 만큼 큰 위력을 가진 것은 아닙니다. 그러나 음악을 듣는 동안에는 심장을 쥐어짜는 고통이 잠시나마 멀어지는 듯한 기분이 듭니다. 음악은 평생 짊어지고 가야 할 의지력을 조금이나마 풀어놓고 자유를 느낄 수 있도록 돕기 때문입니다. 귀도는 그 상황에서 자신이 할 수 있는 최선을 다한 것입니다.

우리가 타인을
사랑해야 하는 이유

쇼펜하우어는 음악은 일시적인 방법이며, 정말로 삶의 고통
에서 벗어나려면 보편적인 윤리, 즉 공감, 동정, 사랑 등을 깨
달아야 한다고 말합니다. 인간의 삶이 비극인 이유는 모든 존
재가 지닌 삶의 의지가 끊임없이 충돌하여 폭력과 전쟁을 일으
키기 때문입니다. 쇼펜하우어는 타인을 향한 연민과 사랑으로
비극의 악순환을 끝낼 수 있다고 주장했습니다.

〈인생은 아름다워〉 이야기로 다시 돌아가 보겠습니다. 나치
가 노동력이 없는 이들을 가스가 나오는 샤워실로 따로 모았
고, 귀도의 숙부 엘리세오는 여기서 옷을 갈아입는 중입니다.
이는 그가 곧 죽는다는 사실을 뜻합니다.

누구나 절망에 빠질 법한 상황에서 엘리세오는 자신의 앞에
서 휘청거리는 나치 군인의 팔을 잡아 주며 "괜찮소?"라고 묻
습니다. 사망 선고를 받은 유대인 수감자가 자신을 죽이려는
나치 군인에게 괜찮냐고 묻는 이 상황이 참 이상합니다. 어쩌
면 그는 사랑과 연민이 두려움에서 벗어나는 유일한 방법이었
음을 깨달았던 것이 아닐까요?

이런 엘리세오와 반대되는 모습을 보이는 인물이 있습니다. 바로 수수께끼에 미친 레싱 박사입니다. 생사의 갈림길에 선 귀도와 마주친 레싱 박사는 귀도에게 자신을 좀 도와 달라고 말합니다. 친구가 자신에게 보낸 수수께끼 때문에 잠을 잘 수가 없다면서 말입니다.

레싱 박사에게는 언제 죽을지 몰라서 두려움에 떠는 귀도의 고통보다 자신의 궁금증을 해결하는 게 훨씬 더 중요하고 시급한 문제입니다. 레싱 박사는 연민과 공감, 동정과 같은 보편적인 윤리가 결여된 채 늘 자신만을 보고 있습니다. 그는 쇼펜하우어가 말하는 삶의 고통에서 영원히 벗어날 수 없을 것입니다.

이제 우리는 자신을 괴롭히는 상사가 불쌍하게 보일 것입니다. 그의 폭언과 일그러진 표정을 두둔할 필요는 없겠지요. 그의 모든 행동이 그가 지닌 고통을 드러내는 것처럼 보일 뿐입니다. 타인을 향한 연민이 없는 그의 속은 레싱 박사처럼 고통으로 가득할 것입니다.

우리는 휴식을 취하며 자신의 마음을 평온하게 하는 음악을 한 곡 고르면 됩니다. 편안함을 선사하는 클래식이면 더할 나위 없겠지요. 음악을 듣는 동안 그동안 고통스럽기만 했던 마음을 풀고 분노의 감옥에 갇혀 고통받는 그를 위해 잠시 기도할 시간을 가져 보는 건 어떨까요?

아르투어 쇼펜하우어 1788~1860

동시대 인기 철학자였던 헤겔, 피히테 등을 향해 '철저하고 무능하고 간사한 대학교수 패거리'라고 비난할 정도로 교수들의 파벌을 증오했다. 서양에서 최초로 동양철학과 서양철학 간의 유사성을 말한 철학자이다.

내 삶이
남보다 못한 것 같다면

에피쿠로스의 아타락시아

당신의 삶은 해결해야 할 문제가 아니라,
즐겨야 할 선물이다.

_ 웨인 뮬러

요즘 사람들은 SNS를 활발하게 이용합니다. 이를 통해 친구들의 여행, 가족 행사, 화려한 일상을 엿볼 수 있지요. 가끔 친구의 SNS를 통해 해외여행에서 찍은 사진을 볼 때도 있습니다. 그뿐만 아니라 독서 모임이나 동호회에서 활동하는 모습들도 자주 볼 수 있습니다. 멋진 포즈로 운동하는 영상 같은 걸 보고 있노라면 마치 자신만 일상에 찌들고 나이 들어 버린 것 같은 기분이 들 때도 있습니다.

이럴 때는 자신의 삶만 평범하고 지루하다는 느낌을 받으며 우울감이 몰려오곤 하지요. 비교하면 할수록 더 불행해진다는 것을 알면서도 자꾸 비교하게 됩니다. 자신도 모르게 타인의 일상에 집착하게 되고, 그로 인해 자신의 삶에 대한 불만과 불행감이 커져 갑니다. 어떻게 하면 이런 감정을 조절하고 비교에서 벗어나 평화로운 일상을 누릴 수 있을까요?

자신의 삶을 SNS를 통해 남과 비교할 때 불행을 느끼는 경험은 디지털 시대에서 흔히 생기는 문제입니다. 사람들은 완벽한 라이프 스타일을 향한 환상으로 자신의 삶에서 가장 긍정적인 모습과 하이라이트를 소셜 미디어에 공유합니다.

그렇게 이상화된 타인의 삶을 계속 관찰하고 자신과 비교하며 내 삶을 평범하고 지루하다고 생각합니다. 우리는 이러한 문제를 해결하기 위해 소박하고 즐거운 삶을 주장했던 고대 그리스의 철학자 에피쿠로스의 철학으로 관점을 바꿀 필요가 있습니다.

마음의 평정을 이룬 상태, 아타락시아

쾌락에 대해 말한 위대한 철학자이며 쾌락주의자를 뜻하는 에피큐리언(epicurean)의 어원이 된 인물인 에피쿠로스 (Epikouros)는 기원전 341년 아테네의 식민지였던 사모스섬에서 태어났습니다. 18세에 아테네로 온 에피쿠로스는 원자론을 주장한 철학자 데모크리토스(Democritus)의 책을 접하고 본격적으로 철학을 하기 시작했습니다.

에피쿠로스는 철학 공동체 '정원'을 세우고 35년 동안 제자들을 가르쳤는데, 이 공동체에는 당시 천대받던 여자, 노예, 심지어 창녀까지도 속해 있었기 때문에 많은 사람이 에피쿠로스를 비웃었습니다. 그는 쾌락이라는 단어 때문에 크나큰 오해를 받았고 부당한 비난을 받기도 했습니다. 그러나 그가 말하는 쾌락은 방탕한 이의 쾌락이나 관능적인 향락으로 인해 생기는 육체적 쾌락이 아닙니다.

"인간은 본래 쾌락을 좋은 것으로 인식하고 쾌락을 따르지만,
모든 쾌락을 선택하지는 않는다."

술을 마시거나 맛있는 음식을 먹으면 쾌락을 느끼지만 지나치면 불쾌감을 느끼는 것처럼, 어떤 쾌락은 종종 정도를 지나쳐 오히려 불쾌감을 일으킵니다. 그래서 에피쿠로스는 우리에게 쾌락과 괴로움을 비교해서 어떤 것이 이익이고 불이익인지 지혜롭게 판단하라고 말합니다.

에피쿠로스가 말하는 행복은 우리가 생각하는 적극적 쾌락 상태가 아니라 고통이 제거되어 꼭 필요한 쾌락만 충족된 최소한의 쾌락 상태입니다. 그가 말하는 꼭 필요한 쾌락은 몸에 필요한 쾌락과 영혼에 필요한 쾌락 두 가지로 나누어 볼 수 있습

니다.

몸에 필요한 쾌락은 몸에 괴로움이 없고 생존에 필요한 만큼의 욕구가 충족된 상태로 아포니아(aponia)라고 합니다. 에피쿠로스는 정치나 사회의 속박을 피해 개인적 영혼의 평안을 추구했습니다. 영혼에 필요한 쾌락은 우리에게 정신적인 고통을 주는 괴로움, 근심, 걱정, 죽음에 대한 공포 등이 없는 쾌락입니다. 영혼이 동요하지 않고 자율적인 심신의 안정 상태를 두고 아타락시아(ataraxia)라 칭했습니다.

에피쿠로스는 육체의 쾌락인 아포니아보다 사유의 쾌락인 아타락시아를 더 높게 평가했습니다. 육체의 쾌락은 추위나 배고픔처럼 결핍으로 인한 괴로움이 제거되면 더 이상 증가하지 않지만, 사유의 쾌락은 '사유에 가장 큰 두려움을 갖게 하는 죽음'에 대해 사유할수록 더 증가할 수 있기 때문입니다.

그러나 에피쿠로스는 죽음을 두려워할 필요가 없다고 말합니다. 우리가 살아있다면 살아 있기 때문에 죽음이 오지 않은 상태라서 죽음을 두려워할 필요가 없고, 죽었을 때는 우리가 더이상 존재하지 않기 때문에 죽음을 두려워할 필요가 없기 때문입니다. 하지만 죽음을 두려워할 필요가 없다는 말이 빨리 죽어도 된다는 의미는 아닙니다. 에피쿠로스는 우리에게 살아 있을 때 죽음의 공포에서 벗어나 삶을 누리라고 말합니다.

에피쿠로스의 행복 철학은 고대의 사상이지만 현대의 디지털 사회에서도 그 가치가 변하지 않습니다. 많은 사람이 SNS 의 함정에 빠져서 자신의 삶에 불만을 느낄 때 에피쿠로스의 행복에 이르는 방법을 안다면 내면의 평화와 진정한 행복을 찾 을 수 있을 것입니다.

내면의 평화와 진정한 행복을 찾는 법

에피쿠로스는 쾌락에 등급을 매겼습니다. 쾌락이라는 이름 아래 모든 쾌락이 같지 않다는 의미입니다. 에피쿠로스는 생 활의 간소함과 내면의 평화가 진정한 행복으로 이어진다고 주 장했습니다. 그리고 쾌락을 세 가지로 구분합니다.

① 자연적이고 필요한 욕구
② 자연적이지만 불필요한 욕구
③ 자연적이지도 않고 불필요한 욕구

첫 번째, 자연적이고 필요한 욕구에는 식욕, 수면욕, 보호 등 의식주 전반에 걸쳐 생존을 위한 피난처와 같은 기본적인 욕구 가 포함됩니다. 여기에 해당하는 쾌락은 취하기 쉽고 지속 시 간이 깁니다. 두 번째, 자연적이지만 불필요한 욕구는 과도한 음식, 명품 옷 등의 사치, 성욕 등이 포함됩니다. 반드시 제거해야 할 것은 아니지만 과하지 않도록 경계해야 하는 욕구입니다. 세 번째, 자연적이지도 않고 불필요한 욕구는 명예, 부, 다른 사람들의 인정, 권력 등이 포함됩니다. 여기에 해당하는 쾌락은 중독적이고 지속 시간도 짧습니다.

에피쿠로스는 진정한 쾌락을 위해서 이성적으로 사려 깊게 생각해서 추구해야 할 쾌락과 회피해야 할 고통을 구분하라고 합니다. 그는 행복을 추구하기 위해서는 두 번째와 세 번째의 욕구를 최소화하는 것이 중요하다고 강조했습니다. 말초적인 쾌락은 순간에 불과하고 공허합니다. 이것에 집착하면 불행해집니다.

에피쿠로스는 최소한으로 꼭 필요한 쾌락이 계속 충족되고 우리가 그 삶에 익숙해져서 만족한다면 가끔씩 '사치스러운 쾌락'을 즐기는 것을 반대하지 않습니다. 그는 쾌락에 있어서 우리에게 절제를 요구하지만 무조건적인 금욕주의를 주장하는 것은 아닙니다. 에피쿠로스는 마음에 불안이 없고 육체에는 손상이 없는 상태를 추구한다는 의미에서 금욕이 아닌 쾌락을 긍정합니다.

우리가 SNS를 사용하는 패턴을 보면 다른 사람들의 인정과 경쟁에 크게 영향을 받는다는 것을 알 수 있습니다. 이것은 에피쿠로스가 말하는 '자연적이지도 않고 불필요한 욕구'에 해당합니다. 우리가 SNS에서 보는 다른 사람들의 행복한 모습은 대부분 표면적일 가능성이 큽니다. 진정한 행복은 내면의 평화와 자신의 삶에 만족하는 것에서 오기 때문입니다.

우리가 내면의 평화를 위해 기억해야 할 것이 세 가지 있습니다. 첫째, SNS 사용 패턴을 인식하고 필요 이상으로 SNS를 하는 데 시간을 쓰지 않는 것입니다. 또는 시간을 정해서 디지털 디톡스를 실천하는 것도 좋습니다. 둘째, 일상에서의 소소한 행복을 재발견할 필요가 있습니다. 친구와 가족과의 진실한 대화, 자연에서의 여유로운 시간, 독서 등의 활동을 통해 SNS에서 얻는 표면적인 만족감보다 더 깊은 만족감을 얻는 것입니다. 셋째, 내면의 평화를 찾는 시간을 가지는 것입니다. 명상이나 요가 등을 통해 타인과의 비교에서 벗어나 자신만의 삶에 만족하며 행복을 느끼면 됩니다.

에피쿠로스가 말하는 아타락시아에 도달하는 조건은 죽음에 대한 공포 없애기, 최소한의 욕망 채우기, 우정을 소중히 여기기 입니다. 또한, 에피쿠로스가 말하는 평안에 이르는 최소한의 욕망은 굶주리지 않기, 목마르지 않기, 춥지 않기입니다. 대부분 현대인은 에피쿠로스가 말하는 아타락시아에 이르는 최소한의 욕망을 충족할 가능성이 큽니다. 최소한의 욕구를 채우고 소박하게 사는 삶이 우리를 아타락시아의 평온함에 이르게 할 것입니다.

자신의 삶을 돌아보면 굶주림과 갈증, 추위로 인한 고통은 없을 것입니다. 오히려 넘치도록 풍족한 환경이지요. 즉, 에피쿠로스가 말한 것처럼 몸에 괴로움이 없고 생존에 필요한 만큼의 욕구가 충족된 상태입니다. 그리고 정신적인 면에서는 죽음으로 인한 고통에 시달리는 사람도 많지 않습니다.

어쩌면 우리는 자신이 이미 행복할 모든 조건을 갖추고도 중요하지 않은 것에 집착하며 스스로 괴로움을 자초하는 건 아닐까요? SNS 속 타인의 보여지는 삶이 아닌 자신의 영혼을 가꾸는 데 집중한다면 타인의 인정보다는 자신 스스로가 인정하는 삶을 살 수 있습니다. 이렇게 결심하는 순간 우리는 에피쿠로스가 말하는 아타락시아에 이를 수 있을 것입니다.

에피쿠로스 B.C.341?~B.C.271?

에피쿠로스 학파의 창시자이다. 300여 편이 넘는 저서를 남겼으나, 무신론자로 여겨졌던 에피쿠로스 학파가 그리스도교 신도들에게 심한 공격을 받으며 대부분 저서가 사라졌다. 지금까지 전해져 오는 것은 핵심 교설과 세 편의 편지뿐이다.

의심하는 일이 중요한 이유

데카르트의 방법적 회의

진리를 추구하는 사람은 일생에 최소한 한 번은
가능한 한 모든 것을 의심해야 한다.

_ 르네 데카르트

주변에서 가끔 '귀가 얇다'는 표현이 어울릴 만한 사람을 종
종 봅니다. 타인의 의견이나 주장에 쉽게 영향을 받아 결정을
자주 번복하는 사람들이죠. 이 사람의 말도 옳은 것 같고, 저
사람의 말도 일리가 있는 것 같아서 확실한 결정을 못하고 이
랬다저랬다 합니다. 물론 모두의 의견을 존중하고 귀담아 듣
는 것은 중요한 일이지만, "네 말도 옳고, 네 말도 옳다!"라고
한다 하여 모두가 황희 정승 같은 현명함을 지닐 수 있는 것도
아닙니다.

자신에게 들어오는 정보를 받아들이는 데 있어 이처럼 휘둘
리는 사람들은 스스로 비판적으로 생각하는 과정이 부족합니

다. 사실 여부를 확인하고 자신에게 적용해도 괜찮은지 생각하여 정보를 소화하는 능력을 갖추어야 합니다. 이런 사람들이 꼭 알았으면 하는 철학자, 데카르트의 이야기를 시작해 보겠습니다.

'서양 철학의 아버지'라고 불리는 17세기 프랑스 철학자 르네 데카르트(René Descartes)는 철학자이면서 동시에 과학자이자 수학자였습니다. 데카르트는 우리가 경험을 통해서 알 수 있는 것들은 정확하지 않지만, 사유를 통해 알아낸 것은 정확하다고 생각했습니다. 이러한 주장을 증명하기 위해 자기가 아는 모든 것들을 고의적으로 의심하는 방법을 사용했습니다. 이것을 '방법적 회의(methodological skepticism)'라고 부릅니다.

여기서 말하는 '회의'는 자신이 알고 있는 것을 의심해 본다는 의미입니다. 데카르트는 의심을 통해 우리가 무엇을 확실하게 알 수 있는지, 우리가 아는 것 중에서 무엇을 믿을 수 있는지 알아내려고 했습니다.

데카르트는 의심할 여지가 없는 가장 확실한 진리를 찾으려고 했습니다. 바로 진리가 아닌 것들을 소거하는 방식인데, 자신의 저서 《방법서설》에 그 방법을 실었습니다. 《방법서설》의 부제목을 '이성을 통해 모든 학문의 진리를 찾는 방법'이라고 붙인 이유이기도 합니다.

"나는 생각한다 고로 존재한다"

데카르트는 자신이 믿는 바의 진실성 여부를 끝까지 의심해 보는 방법으로 파고들었습니다. "나는 생각한다, 고로 존재한다"를 더 이상 의심할 수 없는 진리라고 확신한 뒤, 이것을 모든 학문의 제1원리로 공표합니다. 이후 이 원리를 기반으로 신의 존재를 증명합니다.

그는 두 가지 방법으로 신을 증명합니다. 첫째, 의심이란 불완전성을 의미하며, 불완전성은 완전성과 대치되는 개념이기에 완전성의 극단에 신이 있다는 주장입니다. 우리의 모든 의심은 완전한 관념에 대한 의심이고, 우리가 의심하는 존재라는 의미는 우리의 사유 안에 완전성에 대한 관념이 태어날 때부터 있었다는 뜻이라고 말합니다. 이것을 '본유관념(innate ideas)'이라고 부릅니다.

둘째, 신은 완전하고 무한한데 인간인 나는 유한하고 불완전하며, 완전하고 무한한 신이 유한한 나로부터 생겼을 리가 없기 때문에 이러한 관념을 존재하게 하려면 무한하고 완전한 실체가 있어야 가능하다는 주장입니다. 이를 '존재론적 신 존재 증명'이라고 합니다.

데카르트는 신의 존재 증명에 이어서 물질세계를 연구합니다. 그는 자연과학적 방법으로 물질세계의 진리를 찾을 수 있다는 논리적 근거를 제시합니다. 물질세계는 수학적으로 계산 가능한 공간이며 계산할 수 있기에 인간은 자연을 지배할 수 있다고 주장합니다. 자연과 공존하는 것을 주장한 마르틴 부버의 철학과는 반대되는 입장이라고 할 수 있습니다.

데카르트의 이 주장은 근대 수많은 학자의 사유를 촉진시켰고, 이로 인해 자연과학과 수학이 급격한 발전을 이루게 됩니다. 결과적으로 서양이 중세를 벗어나는 계기가 되었습니다. 이 때문에 데카르트를 '근대 철학의 아버지'라고 부릅니다. 데카르트는 높은 수준의 철학적 능력을 갖춘 근대 최초의 인물이며, 과거의 철학자들이 연구한 개념들을 있는 그대로 수용하지 않고 비판적 관점으로 바라보며 새로운 철학 체계를 구축하려고 노력했습니다.

데카르트는 자신의 모든 감각이 거짓말을 한다면 그 감각들이 스스로를 속일 수 있다고 생각했습니다. 그렇다면 마지막의, 마지막의, 마지막까지 의심했을 때에도 사실일 수 있는 것은 자신이 지금 의심하고 있다는 사실뿐이라고 생각했습니다.

"나는 생각한다, 고로 존재한다(Cogito ergo sum, 코기토 에르고 숨)."

이 말은 데카르트가 찾아낸 자신의 존재조차도 의심의 방법을 적용하여 의심해야 한다는 진리를 가리킵니다. 자신의 존재를 의심하려고 하지만 존재하지 않는다면 의심조차 할 수 없으므로 의심하고 있다는 사실 그 자체가 자신의 존재를 증명하는 것이라는 뜻이죠. 이러한 생각은 근대 서구 문명이 혁명적으로 진보하는 근본이 되었습니다. 데카르트는 모든 지식을 의심하고, 확실한 지식의 기본을 찾기 위해 철저한 자기반성의 과정을 거쳤습니다.

내가 지금 악마에게 생각을 조종당하고 있는지 판단하는 것은 불가능하지만 의심하고 상상하는 그 모든 것은 '나'가 존재해야만 가능합니다. 만약 악마에게 속는 경우라고 해도 '속는 나'가 필수로 존재해야 합니다. 그렇기 때문에 사유 자체가 나의 존재를 증명하게 되는 것입니다. '의심하는 나'가 있는 한 '나는 존재한다'라는 명제는 언제나 참입니다.

늘 받아들이는 것보다
더욱 좋은 태도

데카르트는 확실한 정보를 얻기 위해 모든 것을 의심하라고 주장합니다. 지인의 조언이 참인지 거짓인지 헷갈린다면, 이를 검증하기 위해 방법적 회의의 네 가지 순서를 따라 해 보기를 바랍니다.

① 속단과 편견을 피하고 어떠한 의심의 여지도 없도록 판명해 내어, 이성이 참이라고 인식한 것 외에는 그 무엇도 참으로 받아들이지 말아야 한다.

② 참인지 거짓인지 판정하기 위해 가능한 한 작게 나눈다.

③ 자신의 생각을 가장 단순한 것부터 출발해서 가장 복잡한 것에 이르기까지 순서대로 판단한다.

④ 아무것도 빠진 것이 없다는 확신이 들 정도로 검증한다.

그렇다면 '귀가 얇다'는 것이 고민인 사람들은 이제 어떻게 해야 할까요? 먼저 지인의 조언이 정말로 자신의 상황에 맞는 것인지 의심해 봐야 합니다. 조언의 근거를 확인하고 자신의 상황에 어떻게 적용할 수 있는지 생각하는 것입니다. 그리고 다른 이의 생각에 휘둘리지 않기 위해 자신만의 판단 기준, 가치 우선순위, 원칙을 세워야 합니다. 이를 통해서 타인의 조언과 의견을 수용할지 거부할지 결정할 수 있습니다.

또한, 매일 잠들기 전 하루를 돌아보며 오늘의 행동과 선택들을 반성하는 시간을 가져 보면 좋겠습니다. 이런 시간을 통해 자신의 판단이 옳았는지 또는 타인의 영향을 얼마나 받았는지 스스로 평가할 수 있습니다.

타인의 조언을 받아들이는 일은 중요하지만, 그것을 수용하기 전에 참인지 거짓인지 의심하고 판단하며 자신의 원칙에 따라 결정하는 습관은 매우 중요합니다. 물론 무조건적인 의심이 아니라 비판적으로 생각하는 연습도 필요합니다. 아무리 좋은 지식과 정보도 자신에게 적용하는 것이 항상 좋지는 않을 수 있으니까 말이죠.

새로운 생각을 늘 열린 마음으로 받아들이는 태도는 훌륭합니다. 하지만 무조건 모든 것을 받아들이기보다는 데카르트의 방식을 적용해서 건강한 회의주의를 적절히 적용하는 것이 좋겠습니다. 이렇게 의심하고 사고하며 진리를 파악한다면 타인에게 받는 영향력을 자신에게 맞추어 적절히 관리하고, 가까운 이들과의 관계도 바로 세우게 될 것입니다.

르네 데카르트 1596~1650

근대 철학의 아버지라 불리며, 합리론의 대표주자이다. 수학만이 확실한 학문이라고 생각했으며, 철학도 수학과 같이 분명하고 명확히 드러나는 진리를 출발점으로 해야 한다고 생각했다.

절망을
대하는 태도

프랭클의 로고테라피

삶이 의미가 있는지 묻는 대신,
매 순간 의미를 부여하는 건 우리 자신이다.

_ 빅터 프랭클

빅터 프랭클(Viktor Frankl)은 오스트리아의 정신과 의사이자 홀로코스트 생존자입니다. 죽음의 수용소라고 불리는 아우슈비츠 수용소에서의 끔찍한 경험으로부터 실존적 분석치료의 형태인 '로고테라피(logotherapy, 의미치료)' 이론을 발전시켰습니다. 강제 수용소라는 참혹한 환경에서 삶의 의미를 발견한 것입니다. 그리고 어떠한 상황에서도 삶은 의미가 있으며 그 의미를 발견하기 위해서는 노력을 해야 한다는 사실을 깨닫습니다.

1944년 10월, 프랭클과 그의 가족들은 아우슈비츠-비르케나우 강제 수용소로 끌려갑니다. 수용소에서 그는 생의 의미를 찾지 못한 사람들이 쉽게 삶을 포기하고 폐인이 되어 버리는 것을 목격했습니다. 반대로 그 안에서도 생의 의미를 찾기 위해 발버둥쳤던 사람들은 자신의 생존 가능성을 믿으며 인간의 존엄성을 끝까지 놓지 않았습니다.

프랭클 역시 인간다움을 잃지 않기 위해 처절하게 노력했습니다. 수용소에서는 하루에 물 한 잔이 배급되었는데 누군가는 한 번에 다 마셔 버리고, 누군가는 조금씩 아끼며 나누어 마시곤 했습니다. 그러나 프랭클과 같이 인간의 존엄성을 끝까지 잡고 있던 이들은 마시기에도 부족한 물의 일부로 세수를 하고 유리 조각을 갈아서 면도를 했습니다.

나치는 이렇게 생의 의미를 부여잡고 인간의 존엄성을 끝까지 지키려고 안간힘을 쓰는 이들보다 생의 의미를 잃어버린 채본능만 남은 수용자들을 먼저 처리했습니다. 인간의 존엄성을 지키려고 노력하는 수용자들은 인간으로 보였지만, 그렇지 않은 이들은 동물과 다름없게 느껴졌기 때문에 그들을 죽이면서는 죄책감이 덜했던 것입니다.

죽음의 수용소에서의 경험은 빅터 프랭클의 일생에 엄청나게 커다란 영향을 끼칩니다. 그는 심리학자로서 사람들이 수용소에서 어떻게 대처하고 반응하는지 관찰했습니다. 이후에는 이 관찰을 바탕으로 로고테라피 이론을 확립하기 위해 일생 동안 노력했습니다. 빅터 프랭클의 로고테라피 이론은 환자가 고통을 당당하게 마주하고 꿋꿋하게 버티도록 돕습니다. 거대한 고통 앞에 섰을 때 그 고통이 가져오는 의미를 찾는 것이죠.

삶을 대하는 자세를
어떻게 선택할 것인가

빅터 프랭클은 늘 이런 질문을 하라고 합니다.

"삶은 나에게 무엇을 원하나?"
"이 상황은 내가 무엇을 찾기를 원하나?"

선택할 자유가 없다고 말하는 이에게 프랭클은 선택이란 자유에서 오는 게 아니라 자유를 향해 가는 것이고, 외부에서 나에게로 오는 게 아니라 내면에서 바깥으로 향하는 것이라고 말합니다. 삶에는 늘 자유가 따릅니다. 하지만 고통 없이 안전하고 평화로운 삶을 살고 있는 순간이라도 선택은 어려울 수 있습니다. 때로는 통제할 수 없는 일들과 싸우고 있다고 느낄 수도 있습니다. 하지만 때로는 선택을 해야 어떠한 상황이라도 통제할 자유가 있다는 것을 깨닫기도 합니다.

갑자기 닥친 인생의 시련을 극복하는 데는 대처능력과 회복탄력성이 필요합니다. 이때 가장 중요한 것은 삶을 어떤 자세로 대하느냐 하는 것입니다. 우선은 현재의 상황을 다양한 관점에서 바라봐야 하고, 자신에 대해서도 알아야 합니다. 무엇보다 기대하는 상황이나 당연하다고 생각하는 범주에서 벗어나더라도 변화할 수 있는 융통성과 용기가 필요합니다.

용기를 흔히 두려움이 없는 상태라고 생각하지만, 사실은 더 중요한 무엇인가를 선택하고 집중하는 것입니다. 용기는 삶의 의미를 찾기 위해 안개가 자욱해 앞이 보이지 않는 미지의 세계로 들어가는 것과 같습니다. 그리고 우리의 용기는 최악의 상황을 만났을 때 시험대에 오르게 됩니다.

선택하는 행위에는 힘이 있습니다. 미래를 예측하는 가장 좋은 방법은 직접 미래를 만드는 것이기 때문입니다. 프랭클은 아무리 가혹한 상황에 처할지라도 마지막까지 남은 자유는 자신이 이 상황을 어떤 자세로 대할 것인지, 어떻게 반응할 것인지 선택하는 것이라고 합니다. 자신의 삶을 어떤 자세로 대할지를 선택하는 데 대한 책임은 오직 자신에게 있으며 누구에게도 그 책임을 넘길 수 없습니다.

아우슈비츠 수용소에 도착한 프랭클은 1퍼센트의 생존 가능성이라도 있다면 그것을 최대한 활용하겠다고 결심했습니다. 자신을 둘러싼 커다란 위험 속에서도 살아 견뎌야 할 책임이 있으므로 아무리 절망적인 상황이라도 의미를 찾아내겠다고 다짐했습니다.

삶을 사는 태도에 있어 진정한 낙관주의의 핵심은 다음의 세

가지 '선택'입니다. 첫째, 직면한 상황에 대해 긍정적인 태도를 취할 것을 선택하고, 둘째, 긍정적인 결과로 이어지는 가능성을 이미지화하는 데 도움이 되는 태도를 선택하며, 셋째, 그 가능성을 실현시키기 위해 에너지를 끌어올리는 자세를 택할 것을 선택하는 것입니다. 누구에게나 이 세 가지 선택을 할 수 있는 자유가 있습니다.

종종 우리는 의식적으로 선택을 회피하기도 하고 무의식적으로 아무 도움이 안 되는 생각에 빠져 자신이 만든 생각의 감옥에 갇히기도 합니다. 누구나 삶을 대할 때 어떤 태도를 취할지 선택할 자유를 가지고 있습니다. 하지만 때때로 어떤 태도를 취하고 있는지, 무엇을 선택했는지 기억하지 못하거나 인지하지 못합니다. 자신이 어떤 태도를 취하는지 모르기에 태도를 바꾸겠다는 생각조차 하지 못하고 더 나은 다른 가능성에 대해서도 생각하지 않는 것입니다.

만약 지금 힘들고 고통스러운 상황을 마주하고 있다면 먼저 스스로에게 질문해야 합니다. 나는 지금 이 상황을 어떻게 바라보고 있는가? 나는 이 상황을 어떤 태도로 대하고 있는가? 나는 나의 태도를 바꿀 의지가 있는가? 이런 질문을 통해 삶을 대하는 데 어떤 태도를 취할지 스스로 선택할 자유를 더더욱 적극적으로 누려야 합니다.

의미는
'발견'하는 것

빅터 프랭클은 "의미는 만드는 것이 아니라 발견하는 것이다"라고 말했습니다. 의미는 스스로 찾으려고 하지 않으면 발견할 수 없습니다. 또한, 다양한 모습을 하고 있습니다. 때로는 사건사고와 함께 불쑥 찾아오기도 하고, 때로는 평온한 일상 가운데 나타나기도 합니다. 종종 시간이 흐른 뒤 무심코 지나쳤던 일들을 재해석하다 발견하기도 합니다.

우리가 발견하지 못하더라도 의미는 삶의 모든 순간에 존재합니다. 의미를 찾고자 질문을 던지면 삶은 밤하늘의 별처럼 무수히 많은, 그리고 의미 있는 대답으로 반짝입니다. 하지만 누구도 타인의 의미를 대신 판단할 수 없습니다. 자기 삶의 의미를 찾는 것은 개인의 몫이며, 어느 누구에게도 책임을 넘길 수 없습니다.

프랭클은 의미의 씨앗을 품지 않은 상황은 없다고 말합니다. 우리가 살면서 겪는 모든 순간, 모든 경험에 의미의 씨앗이 심어져 있다는 것입니다. 의미는 마치 에너지와 같아서 생성되거나 파괴될 수 없고 단지 형상만 바뀝니다. 의미는 모든 시간에 존재하면서 우리에게 발견되기를 기다립니다. 비극이라고 인식하는 순간에도 그것이 우리에게 어떤 말을 하는지 귀 기울여야 합니다.

어떤 불가피한 고통의 순간을 지날 때 그 상황에 굴복하고 항복할지 아니면 저항할지는 자신에게 달려 있습니다. 어떤 경우에는 이 비극적이고 힘든 시련이 삶의 의미를 발견하는 키가 되기도 합니다. 프랭클은 우리가 불행한 상황 너머에 있는 의미를 발견하고 무의미한 고통으로 보이는 것들을 삶의 긍정적인 성취로 바꿀 수 있다고 말합니다. 모든 상황이 의미의 씨앗을 품고 있기 때문입니다.

고통이 어떤 메시지를 전하고자 하는지, 힘겨운 시간이 어떤 긍정의 일면을 담고 있는지 찾아보세요. 어떤 삶의 자세를 선택할 것인지 자유가 주어졌다는 것을 받아들인다면 고통을 극복하는 것을 넘어 생각지도 못한 가능성의 문을 발견하게 될 것입니다.

어떤 이들은 개인적인 고난과 시련, 최악의 조건에서 고귀한 인간 존엄성을 드러냅니다. 프랭클이 죽음의 수용소에서 겪은 것처럼 말이죠. 선택을 좌우하는 것은 상황과 조건이 아니라 자기 자신의 의지에 달려 있습니다. 프랭클을 비롯하여 최악의 순간 앞에서 인생의 의미를 발견한 이들은 인간의 마음과 정신이 가진 무한한 힘과 가능성을 발견해 왔습니다.

모든 것을 잃었다고 생각하는 그 순간이 바로 우리에게 찾아온 기회일 수 있습니다. 지금껏 살아온 것과 다른 방향으로 전환할 선택의 기회 말이죠. 이 경험을 통해 크게 배운 지혜들은 이 고통의 시간이 지나도 자신 안에 영원히 남을 것입니다.

빅터 프랭클 1905~1997

심리학자이자 홀로코스트의 생존자로 유명하다. 테레지엔슈타트, 아우슈비츠, 카우퍼링, 투르크맨 수용소 등에서 살아남았다. 가장 유명한 저서인 《죽음의 수용소에서》를 통해 존재의 의미의 중요성을 역설한다.

4장

몽테뉴처럼
질문하라

나를 나답게 만드는 법

"사유하는
인간이 되어라"

아렌트와 사유의 힘

생각하지 않고 살아가면
살아가는 대로 생각한다.

_ 조엘 오스틴

우리가 보통 알기로는, 인간이란 이기적이고 자기중심적이
며 때로는 악하기도 한 존재입니다. 이런 존재들이 어떻게 오
랜 세월 함께 살아 왔을까요?

《예루살렘의 아이히만》으로 유명한 독일 태생의 철학자 한
나 아렌트(Hannah Arendt)는 "진정한 삶의 가치는 노동이 아니
라 정치적인 행위에 있다"라고 말합니다. 여기서 말하는 정치
는 정치인들의 정치 행위뿐 아니라 우리가 살면서 타인과 관계
를 맺고 소통하며 살아가는 모든 행위를 말합니다. 우리는 매
순간 나를 둘러싼 세상과 관계를 맺고 선택해야 합니다. 외딴
섬에 홀로 떨어진 것처럼 어디에도 의지하지 않고 혼자서 살아

가는 것은 불가능합니다.

아렌트는 저서 《인간의 조건》에서 "인간이 되기 위한 조건은 정치적 삶을 적극적으로 살아가는 것"이라고 말합니다. 적극적으로 세상에 관심을 갖고 관계를 맺으라는 의미입니다. 그는 정치적 삶을 살지 않는다는 것은 사유하지 않는다는 말과 같다고 말했습니다.

아렌트는 예루살렘에서 진행되었던 전범 아돌프 아이히만의 재판에 참석해서 그를 관찰한 뒤 '악의 평범성'이라는 개념을 담은 《예루살렘의 아이히만》을 집필했습니다. 그는 독일에서 나치를 막지 못한 가장 큰 원인은 독일인의 정치적 무관심 때문이라고 말합니다. 만약 독일인이 적극적으로 정치적 삶을 살았다면 전체주의를 막을 수 있었을 것이고, 홀로코스트와 같은 참담하고 비극적인 일도 일어나지 않았을 것입니다.

인간의 조건

정치철학자이자 정치이론철학가인 한나 아렌트는 1906년 현재 하노버의 일부인 독일 린덴의 유대인 집안에서 태어나고 자랐습니다. 마르부르크대학에 진학해 당시 철학과 교수이던 마르틴 하이데거 밑에서 철학을 공부했습니다. 1933년 나치의 유대인 탄압이 심해지며 파리로 이주했다가 제2차 세계대전이 일어나자 미국으로 망명했습니다.

아렌트는 유대인이라는 이유로 독일 국적을 박탈당했고, 미국에 도착해 시민권을 따기 전까지 무국적 상태였습니다. 후에 인터뷰를 보면 독일에서 태어났지만 자신이 독일 국민이라는 생각은 전혀 없다고 말합니다. 다만, 아무리 영어가 유창하고 많은 시간 영어를 사용해도 여전히 모국어는 독일어이며 어떤 언어도 자신에게서 독일어를 대체하지 못한다고 말합니다.

한나 아렌트의 사상은 종종 하이데거와 비교됩니다. 하지만 하이데거는 '죽음'이 핵심어이고 죽음을 실존의 계기로 두었으나, 아렌트는 '탄생'이 핵심어이며 탄생을 실존을 구성하는 근본 조건으로써 사유했습니다.

아렌트는 세계가 창조되고 난 이후에 인간이 만들어졌다는 점에 주목했습니다. 인간은 이미 창조된 세계 입장에서는 '새로 온 자'이자 동시에 '낯선 존재'라는 것이죠. 아렌트는 한 인간의 시작을 의미하는 탄생이 개별적이고 유일하고 불가역적인 '누군가'의 시작이라고 보았습니다. 그렇게 '아무도 아닌 자 존재하지 않던 이'가 '누군가-존재하는 자'가 되면서 "인간은 무엇을 위해 존재하는가?"라는 의문과 연결이 됩니다. 아렌트는 이 의문에 이렇게 답합니다.

"우리 인간은 '하나의 시작인 동시에 스스로 시작하는 자'이다."

아렌트에게 탄생은 시작을 의미하며 인간은 모두 태어나는 순간 세계로 새롭게 온 자이기에 스스로 시작하는 자발적 능력을 지닌다고 봤습니다. 그래서 인간은 시작하는 자이고 새롭게 시작할 능력이 있는 존재라고 말이죠. 한나 아렌트 이론의 이러한 '탄생성'은 살면서 무수한 실수와 실패를 겪지만 그럼에도 불구하고 언제나 다시 시작할 수 있는 인간의 실존적 능력입니다.

아렌트는 아이히만이 반인륜적인 범죄를 저지른 이유를 그가 특히 악마적으로 타고나서가 아니라 사유하지 않는 사람이었기 때문이라고 말합니다. 아이히만의 사유는 1차원적이었고, 피상적이었으며, 깊이가 없었습니다. 사유란 타인과 내가 연결되어 있다는 것을 인지하는 것이고 비판적으로 사고하는 능력입니다.

아이히만은 타인의 입장을 상상하지 못하는 사유의 무능력함과 깊게 생각하지 않는 안이함 때문에 자신의 행동이 타인에게 어떤 고통을 주는지 깨닫지 못했습니다. 이처럼 모든 사람에게 타인의 입장을 생각할 수 있는 능력이 있지만 그에 대해 조금 더 깊이 생각하지 않고 피상적으로 생각할 때 악이 나타난다는 개념이 한나 아렌트가 말하는 '악의 평범성'입니다.

아렌트는 아이히만의 행위가 단지 유대인에게 저지른 범죄가 아니라 인류를 향한 범죄라고 말합니다. 정의는 특수하게 일어나는 것이 아니라 모두에게 공평하기에, 아렌트는 정의의 보편타당성을 주장합니다. 다시 말해, 아이히만은 유대인을 죽였기 때문에 범죄자가 아니라 인간에게 해서는 안 되는 범죄를 저질렀기 때문에 범죄자라는 것입니다.

하지만 아렌트가 주장한 보편타당성은 유대인에게 비난을 받습니다. 아렌트가 유대인이면서도 유대인 동포들을 배신했으며 반민족적이라고 말이죠. 하지만 홀로코스트의 피해자였던 유대인이 이스라엘을 세운 뒤 그곳에 거주하던 팔레스타인 사람들을 잔혹하게 대하는 것을 보면 아렌트가 주장한 정의의 보편타당성 개념 속 악의 평범성이 이들에게도 적용되는 걸 알 수 있습니다.

아렌트는 이스라엘의 건국도 반대했습니다. 마르틴 부버와는 약간 다른 이유이긴 하지만, 시오니즘 운동이 가지는 민족주의적인 성격을 경계했기 때문입니다. 유대인과 아랍인 사이에 적절한 합의가 없는 상태로 이스라엘을 건국한다면 오히려 반유대주의와 만나게 될 것이라고 경고했습니다.

인간성에 대한
신뢰

두 번의 세계대전을 겪으며 아렌트는 세계가 부조리로 가득 차 있다는 것을 발견합니다. 사유를 거듭할수록 세상은 고통과 부조리로 덮혀 있다는 것을 확인할 뿐이었지만, 아렌트는 부조리와 정면으로 맞서며 사유를 놓지 않았습니다.

지식인이 변절자가 되는 이유 중 하나는 부조리한 세상에서 자신이 할 수 있는 게 없다는 무력감과 절망 때문입니다. 좌절 감과 허무를 느끼다가 권태와 환멸로 현실에서 도피해 버리는 선택입니다. 하지만 아렌트는 도피하지 않고 행동하는, 살아 있는 인간으로서 끊임없이 사유하는 삶을 살기로 선택합니다. 사유를 놓지 않는 사람은 늘 자신에게 묻습니다.

"어떻게 살 것인가? 무엇을 할 것인가?"

사유를 잇는다는 것은 암흑과도 같은 세상의 부조리를 피하지 않고 마주하겠다는 의미입니다. 아렌트는 사유하지 않는다면 관료제와 전체주의 안에서 누구든 아이히만이 될 수 있다고 경고합니다. 옳고 그름을 판단하고 비판적인 사고를 할 수 있는 능력을 제거하는 관료제와 전체주의 같은 체제는 사람을 순응하게 만들고, 생각하지 못하게 만들며, 결국 사람이 홀로코스트와 같은 반인륜적인 범죄를 저지르게 만듭니다.

사유한다는 것은 비판적으로 생각한다는 의미입니다. 있는 그대로 현상을 받아들이는 게 아니라 옳고 그름을 판단하여 잘못된 점을 고친다는 뜻입니다. 그래서 사유한다는 것은 세상을 이해하는 것입니다. 적극적으로 세상에 관심을 두고 관계를 맺으며 변화를 만들어 내려는 시도입니다.

아렌트는 인간성에 대한 신뢰를 끝까지 놓지 않고 붙잡습니다. 인간성은 외딴 섬에서 홀로 만들어지지 않습니다. 무너진 질서를 복구하고 상처받은 이들의 마음을 치유하는 보편타당한 정의는 바로 인간성입니다. 그래서 홀로코스트를 자행한 나치 같은 광기어린 집단적 애정과 헌신을 경계했습니다.

집단이 아닌 개인에게 향하는 사랑으로 타인과 상호작용하고 의사소통하며 관계 맺을 때 인간성을 회복할 수 있습니다. 모든 순간에 사유하고 비판적 시선으로 세상을 바라보며 인간성을 회복하고, 옳다고 생각하는 길을 함께 걷는 것이 우리가 함께 살 수 있는 방법이자 조건입니다.

인간은 이기적이고 자기중심적이며 때로는 악합니다. 하지만 우리는 자신도 깜짝 놀랄 정도로 선한 면도 있다는 사실을 압니다. 아렌트가 말하는 것처럼 한 개인을 존재로 바라보고 사유를 놓지 않는다면, 그리고 세상의 부조리와 만날 때 포기하거나 낙심하는 게 아니라 정면으로 맞서고 옳다고 생각하는 방향으로 나아간다면 세상은 조금씩 나은 방향으로 변할 것이라는 생각이 듭니다.

옳은 방향을 아는 모든 사람이 그 길을 걷는 것은 아닙니다. 또한 홀로 그 길을 걷는다고 해서 세상이 변하지도 않습니다. 그러나 여럿이 함께 옳은 길을 갈 때 그 길은 더욱 넓고 분명해질 것입니다.

한나 아렌트 1906~1975

'악의 평범성'이라는 개념을 이끌어 내며, 우리가 악을 행하지 않는 유일한 방법은 생각뿐이라고 주장했다. 핍박받고 추방되는 험한 인생을 살았으면서도 인류와 세계에 대한 사랑(amor mundi)을 놓지 않았다.

틀린 게 아니라
다를 뿐이다

몽테뉴의 모럴리스트

편견은 항상 존재하지 않는 것을 찾기 때문에
존재하는 것을 볼 수 없다.

_ 마크 트웨인

영화 〈드래곤 길들이기〉에서 주인공 히컵은 용맹한 바이킹
족 족장 스토이크의 하나뿐인 아들입니다. 바이킹족은 드래곤
을 죽여야 한다고 생각합니다. 드래곤이 죽거나 바이킹이 죽
거나 둘 중 하나라고 생각하고 언제나 드래곤과 전투할 준비를
합니다.

어느 날 히컵은 우연히 사람들이 가장 무서워하는 드래곤인
나이트퓨리와 친해지게 되며 드래곤의 비밀을 알게 됩니다.
드래곤이 인간을 싫어해서 일부러 공격하는 게 아니라 거대하
고 막강한 힘을 가진 드래곤인 레드 데스에게 먹이를 상납하기
위해 어쩔 수 없는 상황이었다는 속사정입니다. 결국 히컵을

비롯한 바이킹족은 힘을 합쳐 레드 데스를 물리치고 드래곤들과 공생하며 살게 됩니다. 드래곤들이 사실 흉폭하거나 공격적이지 않으며, 오히려 사람을 좋아하고 따른다는 사실을 알게 되었거든요.

우리도 그런 때가 있지 않나요? 나와 다르다는 이유로, 익숙하지 않다는 이유로 누군가를 배척하고 공격하며 선을 긋고 벽을 만듭니다. 문화가 다르고 살아온 배경과 경험이 다른 이들과 어떻게 더불어 잘 살 수 있을까요?

프랑스의 철학자이자 법관, 작가였던 《수상록》의 저자 미셸 드 몽테뉴(Michel Eyquem de Montaigne)는 자신에게 이런 질문을 던집니다.

"나는 무엇을 아는가?"

몽테뉴는 "나는 무엇을 아는가?"라는 질문을 "너는 이렇게 살아야 한다"라고 타인에게 명령하는 문장으로 바꾸지 않았습니다. 그는 자신이 어떤 사람인지 알기 위해 수많은 질문을 하며 자신을 찾았습니다. 몽테뉴는 자신의 삶 자체를 철학적 사유의 대상으로 삼은 철학자입니다.

몽테뉴는 1533년 프랑스 왕국 기엔 몽테뉴성에서 보르도 시장인 아버지와 유대인 혈통인 어머니 사이에서 장남으로 태어났습니다. 약 15세에 대학교에 들어가 법학을 전공하고 21세부터 약 3년 동안 조세 재판소 법관으로 지내다가 24세에 보르도 고등법원의 법관이 되었습니다.

이때 몽테뉴는 법률가이자 철학자면서 당시의 가혹한 정치를 가차 없이 비난하는, 그가 존경하게 된 평생의 친구 라 보에시와 만나게 됩니다. 하지만 6년 후 몽테뉴가 30세가 되던 해에 라 보에시가 페스트에 걸려 사망합니다. 이어 35세에는 아버지가 돌아가시고, 그 다음 해에는 남동생이 뇌출혈로 사망하고, 자신도 낙마하는 큰 사고를 겪자 1570년 37세의 젊은 나이로 은퇴를 하고 유산으로 받은 몽테뉴 성에 은거합니다.

그곳에서 몽테뉴는 우리에게는 《수상록》으로 알려져 있는 《에세》를 집필하는데, 에세이라는 장르가 여기에서 시작되었습니다. 이 작업은 학문을 집대성하거나 철학 체계를 정리하는 게 아니라 몽테뉴 자신을 연구하는 것이었습니다. 자신을 드러내기 위해서가 아닌 진정으로 자신을 알기 위해 다각도로 탐색한 과정이라고 보면 이해하기 쉽겠죠?

모든 시도의 순간은
인생의 맛을 음미하는 과정이다

몽테뉴는 자신의 삶을 철학적 사유의 대상으로 삼은 최초의 철학자입니다. 이전에도 자신의 인생을 글로 쓴 사람들은 있었지만, 자신의 삶을 들여다보며 도덕적 교훈을 찾고 거기서 우리가 계속 살아갈 이유를 누구나 찾을 수 있다고 생각한 사람은 그가 처음인 것입니다.

몽테뉴는 일상에서 겪는 사소한 일도 주의를 기울여 살펴보았습니다. 이전에는 교훈을 담아 타인에게 명령문 형태로 전하는 방식이었다면, 그는 자신을 알기 위해 철저히 내면을 향해 사유하는 데 집중합니다. 자기 자신에 관한 지식이 가장 중요한 이유는 개인에게 가장 가까운 존재는 바로 나 자신이기 때문입니다. 정확하게는 자신에게 가장 가까운 것은 스스로의 몸, 영혼, 정신이라는 의미입니다. 그렇기에 몽테뉴에게 있어서 철학의 진정한 과제는 자신이 서 있는 좌표를 스스로에게 보여 주는 일이었습니다.

우리는 인생을 살아가면서 수많은 상황에 따라 이리저리 흔들립니다. 몽테뉴는 그 흔들림이 바로 우리의 삶이라는 것을 인정하는 것, 그리고 삶은 "나는 무엇을 아는가?"의 답을 찾아가는 과정 중에 있다는 것을 깨닫는 것까지 그 과제에 포함된다고 생각했습니다. 몽테뉴는 "나는 무엇을 아는가?"라는 질문을 늘 품고 인생을 살면서 수많은 시도를 해 보라고 말합니다. 모든 시도의 순간이 인생의 다양한 맛을 음미하는 과정이며, 그 시도 자체를 즐기는 것이 삶이 되어야 한다고 말이죠. 신성한 삶의 경지는 저 멀리 고고한 곳에 있는 게 아니라 삶을 올바르게 즐기는 법을 아는 것이라고 말합니다.

몽테뉴가 살던 시대에 '에세(essais)'라는 단어는 '맛을 보다' 또는 '시음하다'라는 일상적인 뜻으로도 자주 사용되었습니다. 몽테뉴가 생각한 철학의 진정한 과제의 연장선으로 생각하면 제목 《에세》는 어쩌면 '몽테뉴의 맛보기' 혹은 '몽테뉴를 맛보기'일 수도 있는 셈입니다.

끊임없이 밖을 헤매며 무엇인가를 찾는 것은 우리 자신과 내면을 모르기 때문입니다. 즉, 몽테뉴가 말하는 '자신을 알아가는 것'은 단순히 지식을 채우거나 세상이 말하는 정답을 따라가는 게 아니라 솔직하고 열린 마음으로 자신을 다양한 시도 속에 던지고, '자신의 맛보기' 혹은 '자신을 맛보기'라는 책을 일생 동안 완성해 가는 과정이라고 할 수 있습니다.

모럴리스트가 되어라

몽테뉴는 모든 사람에게 세상을 바라보는 자신만의 독특한 방식이 있다는 것을 발견합니다. 다시 말하자면 경험, 생각, 감정 등 자기 자신을 중심으로 세상을 바라본다는 뜻입니다. 그는 동물도 인간처럼 의사소통하지만 인간이 동물의 언어를 이해하지 못한다고 주장합니다. 다른 종의 동물이 서로의 의사를 알아차리고, 경계하고, 친밀함을 나누는 것을 보면 인간이 알지 못하는 방식으로 서로 다른 종끼리도 의사소통을 할 수 있다고 보는 것이죠.

인간과 동물이 의사소통을 하지 못하는 것은 어느 쪽의 잘못이나 결점이 아니라고 말합니다. 인간의 언어를 모른다는 이유로 동물을 향해 야만적이라고 하는 것처럼, 어쩌면 동물도 인간을 야만적이라고 생각할 수 있다고 주장합니다. 또한 인간은 스스로를 신처럼 생각하고, 하등하다고 생각하는 야만적인 속성은 동물에게 돌리며, 인간 고유의 특성이라고 생각하는 이성은 인간에게만 어울린다고 생각하는데 어떤 근거로 그렇게 단정할 수 있는지 반문합니다.

약 10년 동안 자발적 은거를 하며 사유의 시간을 보낸 몽테뉴는 1580년 《에세》를 출간한 뒤 여행을 떠나기로 결심합니다. 여행이야말로 사람들의 다양한 삶과 욕망, 관습 등을 관찰하고 배울 방법이기 때문입니다. 몽테뉴는 새로운 곳들로 여행을 다니며 그곳의 고유한 문화와 풍습, 음식 등을 즐기며 사람들과 대화를 나누었습니다.

목적지였던 로마에 도착했을 때는 같은 프랑스 사람도 여럿 있었습니다. 몽테뉴는 그들이 로마에서도 자신의 본국에서 하던 방식 그대로 행동하자 그들에게 화를 냈습니다. 그는 어느 곳에 가든지 현지 문화를 존중하고, 그들의 관습에 따라 행동하며, 그곳의 방식으로 머물렀습니다.

1492년 콜럼버스가 신대륙에 상륙했을 때 스페인인은 그곳에 사는 원주민을 야만인으로 여겼습니다. 학살하고 약탈하며 그들의 문화를 파괴하고 노예화했죠. 또한 자신들의 문화와 종교를 강요했습니다. 몽테뉴는 스페인이 신대륙에 행하는 모든 행위에 대해 슬퍼했습니다. 이들이 야만적인 것이 아니라 단지 자신들과 습관, 문화가 다른 것뿐이라고 생각했기 때문입니다.

몽테뉴는 사상이나 문화가 다른 타인을 대할 때 고정관념, 편견, 독단, 교만을 버리고 겸허하게 그들의 것을 배우려는 자세가 중요하다고 말합니다. 우리는 이런 생각을 가진 사람을 '모럴리스트(moralist)'라고 부릅니다. 몽테뉴는 우리에게 모럴리스트가 되라고 말하지 않습니다. 자신의 책 《에세》에서도 '~하라' 또는 '~해야 한다'라는 표현을 사용하지 않는 것과 같습니다. 단지 '나의 진리가 상대에게도 진리라고는 할 수 없다'는 생각으로 자신의 생각을 담담히 적어 내려갔을 뿐입니다.

몽테뉴는 타인에게 자신과 다른 점이 있다는 사실을 받아들였습니다. 자신에게는 자신만의 틀이 있듯이 타인에게는 타인만의 틀이 존재한다고 여겼습니다. 자신의 틀을 타인에게 강요하지 않았으며, 자신이 보기에 부족해 보일지라도 누구에게

나 자신의 삶을 사는 수많은 방식이 있다는 것을 인정했습니다. 틀린 게 아니라 다른 것이라는 진리를 일찍이 깨닫고 있었던 것이죠.

〈드래곤 길들이기〉의 주인공 히컵 덕분에 그의 아버지 스토이크와 바이킹족 어른들은 드래곤에 대해 오해하고 있었다는 사실을 인정합니다. 너무나 인간의 방식, 자신들만의 시선으로 드래곤을 바라보고 있었다는 사실도요. 자신에게 자신만의 틀이 있듯이 드래곤의 삶에도 그들만의 방식이 있다는 것도 인정하게 된 것이죠.

우리 역시 문화가 다르고 살아온 배경과 경험이 다른 이들과 더불어 잘 살기 위해서는 몽테뉴가 말하는 '모럴리스트'를 기억하고 그렇게 되기 위해 노력해야 하지 않을까요?

미셸 드 몽테뉴 1533~1592

37세의 젊은 나이로 은퇴한 뒤 유산으로 물려받은 몽테뉴 성의 탑을 서재로 꾸미고 벽면 곳곳에 54개의 라틴어 격언을 새겨 넣었다. 그중 마지막 말은 프랑스어로 이렇게 적어 놓았다. "나는 무엇을 아는가?"

불의와
직면해야 하는 이유

슈클라의 공포로부터의 자유주의

공포가 있는 곳에는
행복이 없다.

_ 루시우스 세네카

정치철학자이자 법철학자이며 하버드대학교 교수를 역임한 주디스 슈클라(Judith Shklar)는 1928년 라트비아의 수도 리가에서 태어난 독일계 유대인입니다. 그는 유복하고 교양 있는 독일계 유대인 부모에게서 태어났는데, 나치의 유대인 박해 때문에 생존을 위해 피난을 떠납니다. 어린 시절의 이 극심한 공포 경험은 슈클라의 '공포의 자유주의(The Liberalism of Fear)' 개념을 만드는 데 핵심적인 역할을 합니다.

슈클라는 16세에 맥길대학교에서 공부를 시작해서, 1949년에 인문계열 학사, 1950년에 석사를 받고, 1955년 박사학위를 받습니다. 1956년에 하버드대학교의 교수가 되었고, 1971년에는 정부 부서에서 여성 최초로 종신직을 맡기도 했습니다.

슈클라는 철학자들이 "무엇이 옳은가?"를 규정하는 원칙 개발에 매달릴 게 아니라 일상에서 만나는 잔혹함을 없애는 현실적이고 직접적인 정치 제도를 만드는 데 집중해야 한다고 주장했습니다. 여기서 잔혹함은 강자가 약자에게 행하는 폭력을 뜻하며, 강자는 정부나 힘 센 사람, 권력자, 다수 등 힘과 권력을 가지고 그보다 약한 이를 괴롭힐 수 있는 사람을 뜻합니다.

슈클라가 말하는 폭력의 범위는 폭력에 대한 공포로 개인의 자유가 제한되는 것까지 해당합니다. 또한, 강자 그 자체를 반대한 것이 아니라 '강자가 폭력을 저지르는 상황'에 대해 적극적이고 강력한 처벌이 필요하다고 주장합니다.

슈클라의 이 이론은 《정의론》의 저자인 존 롤스, 정치 철학자이자 프린스턴대학교 철학과 교수인 리처드 로티, 정치철학자이자 인권운동가인 마이클 왈저 등 동시대 저명한 학자들의 이론에 깊은 영향을 주었습니다.

슈클라는 경험에 근거하지 않은 피상적인 이데올로기들을 경계했습니다. 자신의 유년 시절 경험에 의하여 세상은 이론뿐인 이데올로기로는 바뀌지 않는다는 사실을 알았기 때문입니다. 나치에게 박해를 당하고 직접적인 피해를 입었던 어린 시절의 경험은 슈클라가 공포의 자유주의 이론을 세우는 데 큰 영향을 끼쳤습니다.

정의와
일상의 악덕

슈클라는 서양철학자들 가운데 장 자크 루소(Jean Jacques Rousseau)를 가장 좋아했습니다. 루소는 사회계약이 자유와 평등에 기반해야 하므로 국가의 규칙인 법은 일반의지를 통해 결정되어야 한다는 '인민주권론'을 주장한 프랑스의 교육학자이자 철학자입니다.

루소는 이러한 사상으로 민주주의의 이론적 토대를 마련했는데, 프랑스 대혁명에 직접적인 영향을 끼치면서 근현대 민주주의가 형성되는 데 엄청난 기여를 하게 됩니다. 이러한 루소를 가장 좋아한 것을 근거로 슈클라의 성향을 알 수 있으나, 그렇다고 해서 그의 철학이 루소의 철학과 같지는 않습니다.

슈클라는 사람의 본성이 선한지 악한지를 떠나 현실에서 일어나는 구체적인 악에 대해 조치를 취하자는 입장입니다. 선이 무엇인지 아무리 이론을 정립해도 '선(善)'의 이름으로는 '악(惡)'이 행해지는 사태를 막을 수 없습니다. 그러므로 현실에서 벌어지는 악의 구체적 현상 그 자체에 집중해서 악을 원천적으로 차단하자고 말합니다. 그것이야말로 개인의 자유를 지키는 길이라고 말합니다.

슈클라는 일상에서 서로에게 영향을 주는 평범한 악들을 살폈던 몽테뉴의 정신을 따릅니다. 몽테뉴는 잔혹성에 우선 집중했으며, 슈클라는 몽테뉴에게 그러한 신념을 철저하게 추구하는 법을 배웠습니다. 그래서 그는 자신이 언급하지 않는 순간에도 몽테뉴의 이름과 정신이 드러난다고 말합니다.

슈클라는 '미덕'을 강조하는 주류 정치철학자들과 다르게 현실을 진창으로 만드는 실제적인 고통의 주범인 '악덕(잔혹성, 위선, 속물근성, 배신, 인간 혐오)'에 주목했습니다. 그가 저서 《일상의 악덕》에서 말하는 악덕은 특별하거나 충격적인 게 아니라 언제든 일상에서 흔히 행할 수 있는 행동입니다. 사적인 차원과 공적인 차원 모두에서 나타나는데, 사적인 차원에서는 특히 어린이에게 잔혹합니다. 공적인 차원에서는 정치적 적들에게 잔혹합니다. 우리는 공적 차원뿐 아니라 사적 차원에서 친구, 연인, 가족들을 배신하기도 합니다.

인간 혐오는 우리가 함께하지 못하도록 만들며, 극단적으로는 역사에서 봐온 것처럼 홀로코스트로 이어지기도 합니다. 이러한 악덕들은 일상 어디에서나 언제든지 일어날 수 있습니다. 슈클라는 인류가 존재하는 한 악덕은 결코 사라지지 않을 것이기에, 완전하게 없앨 수 없다면 차라리 좀 더 탐구하고 알아보자고 말합니다.

특히 슈클라는 잔혹성을 최악이라고 말했는데, 잔혹성은 인간이 서로에게 가할 수 있는 최악의 악이기 때문입니다. 이 잔혹성이 행해지는 장소에서부터 도덕적인 고민을 시작해야 합니다. 슈클라가 말한 '공포의 자유주의'가 권리를 얻어 냄으로써 자유를 획득하는 것이 아니라 잔혹함을 제거함으로써 자유를 보장받는다는 의미이기 때문입니다. 여기서 말하는 잔혹성은 강한 자가 자신의 힘과 권력을 이용하여 타인을 육제적, 정신적으로 통제하는 것을 말합니다. 그래서 자유 또한 누군가가 잔혹성을 드러낼 때 그 공포를 즉각적으로 예민하게 느끼며 벗어나고자 하는 자유입니다.

잔혹성은 타인을 향할 때 문제가 되지만, 때로는 도덕이라는 이름으로 자신에게 향하는 칼이 되기도 합니다. 우리는 종종 도덕적 잔혹성의 희생자가 됩니다. 자기 검열의 잣대는 자신을 피폐하게 만들고, 스스로를 증오하며, 죄의식으로 자기를 학대하고, 극단적인 경우에는 스스로 목숨을 끊게도 하기 때문입니다. 이러한 잔혹성은 완전함을 추구하는 이들에게 일어날 수 있는데, 특히 기독교 교리가 이러한 강요를 해 왔다고 주장합니다.

이런 맥락에서 슈클라는 칸트의 정언명법 역시 잔혹하며 '자신의 마음속에 자리 잡고 스스로에게 극형을 내리는 재판관'이라고 평가합니다. 인간은 누구나 완전하지 않습니다. 자신을 향하든 타인을 향하든 잔혹성의 칼끝이 향하는 곳에서는 피가 흐를 수밖에 없습니다. 우리는 인간의 죄의식, 양심 등이 가하는 잔혹성을 피해 인간의 불완전성을 이해하고 긍정하며 스스로와 타인을 바라보아야 합니다. 일상에서 일어나는 현실의 악덕에 대해 고민하지 않고 사유하지 않는다면 우리는 일상의 악덕으로부터 영원히 벗어날 수 없습니다.

일상의 악덕에서 벗어나려면

우리가 일상의 악덕에서 벗어나려면 악덕이 일어나는 현장에서 희생자의 고통을 느끼고 불의를 중단하는 방법을 생각해야 합니다. 그래서 슈클라는 이 세상이 거창한 이데올로기를 가지고 세상을 바꾸려 한 사람들이 아니라 고통을 겪는 이들에게 공감하고 그 아픔을 중단시키려고 노력했던 사람들에 의해 바뀌어 왔다고 말합니다. 미국에서 노예제도가 폐지된 것은 독립 선언문에 적힌 이상적인 권리 문구가 아니라 노예들의 고통과 아픔에 공감하고 함께 아파한 사람들의 새로운 의식 때문인 것과 같습니다.

슈클라는 '이렇게 하면 일상의 악덕을 벗어날 수 있다'라고 단정하지 않습니다. 단지 사유를 멈추지 말고 계속하라고 말합니다. 정의롭지 못한 것을 보고 마음이 불편할 때 외면하지 말고 마음을 따라 능동적이고 구체적인 행동을 해 봅시다. 이때 비로소 일상의 악덕에서 벗어나 함께 살아갈 수 있는 자유롭고 안전한 터전을 만들 수 있습니다. 그리고 언제라도 잊지 말아야 할 점은 우리가 희생자도 될 수 있지만 가해자가 될 수도 있다는 사실입니다.

이를 통해 우리는 슈클라가 말하는 일상의 악덕이 타인의 삶에 얼마나 큰 영향을 끼치는지 알게 됩니다. 그리고 배신을 당한 피해자는 다시 일상의 악덕에 해당하는 인간 혐오 심리로 이어지며 악순환이 될 수 있다는 사실도 말이죠. 이러한 악순환을 끊기 위해 일상에서 벌어지는 악덕들을 고민하라고 말한 슈클라의 말을 기억해 봅시다.

자신이 선한지 악한지 판단하기보다는 자신의 눈앞의 강한 자를 봅시다. 그들이 어떤 목적을 이루기 위해 약한 자에게 고통을 가할 때 자신이 어떤 행동을 할지 생각해 봅시다. 악순환의 고리에 묶여 끌려갈 뻔했던 고통의 경험을 스스로 끊고 더 나은 방향으로 한 걸음 나아가게 될 것입니다.

주디스 슈클라 1928~1992

미덕에 주목하던 주류 정치철학자들과 달리, 인간을 실제로 고통에 빠뜨리는 잔혹성, 위선, 배신, 인간 혐오 등에 주목했다. 정부의 권력뿐만 아니라 시장권력의 잔혹성 역시 강조했다.

진짜 '대화'를 하는 법은 따로 있다

하버마스의 의사소통

진정한 소통은
다른 이의 시각을 이해하는 것이다.

_ 틱낫한

요즘은 누군가와 대화할 때 "너 T지?" 또는 "너 F지?" 같은 식의 대화를 자주 합니다. 보통 말하는 사람은 상대방에게 공감을 바라며 이야기를 꺼내기 마련이죠. 그러나 듣는 사람은 개인의 성향에 따라 공감 대신 냉정하게 자기 생각을 말하거나 상황을 분석하기도 합니다. 이렇게 서로 다른 두 사람이 만나면 같은 언어를 사용하는데도 말이 통하지 않고, 서로 답답해하며, 지치고 짜증나는 마음으로 대화를 끝내게 됩니다.

이런 대화를 하고 나면 '소통'했다는 생각이 들지 않습니다. 그리고 두 사람의 대화가 원활하지 않은 이유를 MBTI 같은 테스트에서 찾곤 합니다. 늘 대화가 어긋나는 이유가 단순히

MBTI 테스트에서 알게 된 서로의 성향의 차이에 있을까요? 혹시 둘 중 한 사람만 소통에 문제를 느끼는 것은 아닐까요? 마지막으로, 대화의 목적을 자신의 의견을 관철시키거나 동의를 얻는 데 두는 게 올바른 소통일까요? 여기서 우리는 독일의 철학자 위르겐 하버마스(Jürgen Habermas)의 철학을 짚어 보아야 합니다.

이성의 여러 가지 성격

하버마스는 1929년 독일 뒤셀도르프에서 태어나 보수적인 집안 분위기에서 자랐습니다. 아버지는 소극적으로 나치즘을 지지했고 하버마스도 15세에 히틀러 소년단에 들어갔지만, 제 2차 세계대전이 전쟁이 끝난 뒤 히틀러의 잔악한 행위들을 알고 큰 충격을 받습니다. 그러한 죄악을 몰랐던 것, 적극적으로 저항하지 않았다는 사실에 괴로워했습니다. 그는 모든 독일인이 나치의 정치적 범죄 체제 속에서 살고 있었다는 것을 뒤늦게 깨닫습니다. 그러면서 정치와 현실이 자신과 별개의 것이 아니라는 문제의식을 갖게 됩니다.

신 중심의 사고를 했던 중세를 지나 17세기의 데카르트 이후로 인간의 생각하는 능력인 이성이 모든 것의 중심이 되었습니다. 이성 덕분에 신이 아닌 인간이 세계의 중심에 서게 되었죠. 우리가 오늘날 누리는 과학기술, 민주주의, 자본주의 등의 문명은 근대 이후 중심이 된 이성을 바탕으로 합니다.

이성 덕분에 문명이 발달했지만 동시에 많은 문제가 쏟아지기 시작했습니다. 두 번의 세계대전으로 많은 사람이 다치고 죽게 되었고, 과학기술이 발전하며 환경에 치명적인 손상을 가져왔습니다. 자본주의가 발달하면서 빈부 격차가 극심해졌고, 모든 것을 인간 중심으로 바라보는 사고로 인해 지구상에는 크고 작은 문제가 수도 없이 발생했습니다.

20세기 초반, 인류가 처한 심각한 문제를 반성하며 이성중심주의를 향한 비판이 시작되었습니다. 그래서 많은 철학자가 '의사소통의 합리성'이라는 이성의 잣대를 세우는 하버마스의 주장을 부정적인 시선으로 보았습니다. 이성으로 인해 인류가 문제를 떠안게 되었다고 생각하며 이성을 매우 비판적으로 바라보는데, 하버마스는 정반대로 인류가 겪는 문제의 유일한 해결책으로 합리성(이성)을 주장하니 그럴 만도 합니다.

하버마스는 이성에도 여러 가지 성격이 있는데 비판가들이 오직 한 가지 성격의 이성만을 보고 있다고 지적합니다. 이성을 바탕으로 행동하는 것을 '합리성'이라고 하는데, 하버마스에 따르면 합리성은 크게 도구적 합리성, 비판적 합리성, 의사소통적 합리성 세 가지로 나눌 수 있습니다.

도구의 성능을 비교하고, 계산하면서 결과를 예측하는 능력, 즉 목적을 달성하기 위한 수단을 고민하고 계산하며 예측하는 것은 도구적 합리성입니다. 하버마스는 구조주의와 포스트모더니즘이 비난하는 이성이 바로 이 도구적 합리성이라고 말합니다. 하버마스도 인간의 이성 가운데에서 도구적 합리성만을 강조하는 것을 반대합니다.

또 다른 성격을 가진 이성도 있습니다. '과연, 그것이 옳을까?'라는 질문을 떠올리며 자신이 하려는 행위의 목적이 옳은지 그른지를 판단하고, 옳지 않을 때는 반성하는 이성은 비판적 합리성이라고 부릅니다.

그런데 혼자 하는 생각은 언제든지 독단에 빠질 위험이 있기 때문에 비판적 합리성은 한 사람만 가지고 있어서는 안 된다고 말합니다. 이때 필요한 것이 의사소통적 합리성입니다. 자신의 생각을 타인에게 설명하고 설득하며 타인도 마찬가지로 그렇게 하는 것을 말합니다. 이러한 상호 소통의 과정을 거쳐서 합의를 이끌어 내야 한다고 주장합니다.

올바른 대화와
물음의 가치

하버마스는 수용의 대가입니다. 그리고 자유로운 대화와 의

사소통으로 억압과 지배가 없는 사회와 해방된 인류를 이룰 수 있다고 믿습니다. 하버마스는 단순히 빈곤이 사라진 사회를 인류의 해방이라고 생각하지 않았습니다. 모든 억압과 지배가 사라지고 자유로운 토론과 대화가 가능할 때 해방된 사회라고 믿고, 이를 위해 이상적인 언어 모델을 제시합니다.

말로 한 약속이 지켜지는 이유는 서로가 상대방의 말을 알아듣고 그 말을 믿기 때문입니다. "내일 만나"라는 말은 내일 '너'를 만나는 행위를 '내'가 하겠다는 의미입니다. 하버마스는 이와 같은 일상의 언어생활에서 해방된 인류로 향하는 중요한 열쇠를 발견합니다. 그가 말하는 합리성은 단순한 논리적 사고가 아니라 사람들 사이의 대화와 토론에서 찾을 수 있는 '의사소통의 합리성'입니다.

하버마스는 대화를 나눌 때 그 내용이 참이고, 서로 무슨 뜻인지 이해할 수 있으며, 말하는 사람들의 관계가 평등하고 수평적이어야 올바른 대화라고 말합니다. 열린 마음으로 상대방을 대하고 서로의 의견을 받아들일 수 있을 때 모두가 합리적이라고 인정하는 최선의 결론을 맺을 수 있다는 것입니다. 그래서 진정한 진리는 대화와 합의에서 나온다고 믿습니다. 그렇지 못한 대화는 폭력일 뿐이라고 말하며 비판을 아끼지 않습니다.

인간이 생각을 하고, 생각을 말하고, 그 생각을 타인과 나눌 수 있는 것은 인간이 가진 이성적 능력 덕분입니다. 그런데 종종 문제가 생겼을 때 합리적으로 해결하지 못하는 경우가 있습니다. 독단적으로 생각하기 때문인데, 이때 하버마스는 일상생활 영역과 공적 영역 두 가지에서 다른 사람들과 투명하고 합리적으로 의견을 나누어야 한다고 말합니다. 이 두 가지 영역에서 의사소통이 투명하고 합리적으로 이루어져야 도구적 합리성이 가져온 현대 사회의 수많은 문제를 해결할 수 있다는 것입니다.

의사소통을 잘하기 위해서는 상대방이 잘 이해하도록 자신의 생각과 감정을 잘 전달해야 하고, 상대방의 생각을 깊게 듣고 이해하기 위해 주의를 기울여야 합니다. 그리고 동시에 무엇이 옳고 그른지 상대방과 '합의'해야 합니다. 하버마스는 진리가 정해져 있지 않다고 말합니다. 나의 진리와 상대방의 진리가 다를 수 있기에 모두가 투명한 의사소통을 통해 합의해야 한다는 것이죠.

우리가 사는 현대 사회에는 여러 장애물 때문에 진리를 합의하고 투명하게 의사소통을 하는 것이 쉽지 않습니다. 일상 영역에서의 장애물은 경제적 이해관계, 공적 영역에서의 장애물은 관료제와 같은 행정 제도입니다. 경영인과 노동자, 정부와 국민의 관계에서도 자신의 이익만을 고집하면 결코 합리적인 의사소통을 할 수 없습니다. 대립과 갈등만이 남습니다.

하버마스는 이러한 장애로 인한 불통을 '생활세계의 식민지화'라고 부릅니다. 이를 벗어나기 위해 필요한 것이 바로 인간의 이성, 즉 '비판적 합리성'입니다. 비판적 합리성이란 의사소통이 투명하고 활발하게 이루어지지 않는 현실을 비판하고 어떤 문제가 똬리를 틀고 있는지 찾아내는 능력입니다.

생활세계의 식민지화에서 벗어나기 위해서는 현명하게 판단하고, 다양한 의견을 투명하게 받아들이며, 정당한 결론을 도출해야 합니다. 자신이 옳다고 믿는 진리와 다른 사람이 옳다고 믿는 진리를 비교하여 책임 있는 결정을 내려야 합니다. 여기에서 하버마스가 가장 중요하게 생각하는 부분은 무엇이 옳고 그른지를 비교하여 올바른 것을 합의하는 것입니다.

비판적 합리성은 소통할 방법이 여러 가지라고 해서 완성되는 게 아니라 의사소통의 주체인 사람들이 합리적인 존재여야만 합니다. 모든 개인이 의사소통의 과정에서 자유롭게 동의와 비판을 할 수 있는 자유가 있어야 하고, 자기중심적인 관점을 벗어나 공동체의 보편적인 동의에 이를 수 있는 연대감을 가져야 합니다.

하버마스는 의사소통을 잘하기 위해서 다음 네 가지 진단이 필요하다고 말합니다.

- 서로 무슨 뜻인지 이해할 수 있는가?

- 내용이 참인가?
- 상대방이 성실하게 지킬 것이라고 믿을 수 있는가?
- 대화하는 사람들 사이가 평등하고 수평적인가?

하버마스가 말하는 논쟁의 진정한 의미는 싸워서 이기는 것이 아닙니다. 상대방과의 합의를 통해 진리를 이끌어 내는 것이죠. 화려한 언변과 명쾌한 논리로 상대를 압도하면 이길 수는 있겠지만, 상대방은 억울한 느낌이 쌓이고 분노가 커져 또 다른 갈등을 일으킬 수 있습니다.

"모든 물음에는 저마다의 가치가 있다."

하버마스는 뛰어난 논쟁가지만 논쟁을 할 때에도 상대방을 수용하는 자세를 잃지 않았습니다. 다양한 영역을 넘나들며 박학다식하고 명쾌한 논리를 가지고 있었지만, 상대방의 주장이 옳다고 생각하면 주저 없이 인정했습니다. 그래서 지기 위해 논쟁하는 사람이라는 별명이 붙을 정도였습니다.

한 번쯤은 자신이 생각하는 의사소통에 대한 정의를 점검해 봅시다. 소통이 안 되어 답답하다고 생각했던 것은 사실 자신의 의견이 관철되고 받아들여지지 않아서 느낀 감정일 수도 있습니다. 자신에게는 옳고 타당한 진리이지만 상대방에게도 자신이 옳다고 생각하는 진리가 있다는 것을 받아들이고 나면 마음이 편안해집니다.

온라인 공간에서 비합리적이고 부정적인 모습을 흔히 목격하게 됩니다. 어떤 개인이나 집단의 행동에 대해 '현대판 마녀사냥'이라고 부르는 대응 방식도 자주 볼 수 있죠. 이익을 앞세워 자신의 목소리만 내고 귀를 막은 채 상대방의 의견은 무시하는 경우입니다. 동의뿐 아니라 비판을 할 때에도 마찬가지입니다. 자신과 의견이 다를 때, 또는 자신의 마음에 들지 않는 행동을 할 때 사이버 테러라고 부를 수 있는 험한 욕설과 인격모독과 같은 폭력적인 행동을 서슴지 않습니다.

이기기 위한 논쟁이 아니라 상대방과 진정으로 통하는 것이 소통이고 의사소통의 목적이라는 것을 깨달으면 마음에 평화가 찾아옵니다. 그 어떤 갈등에서도 우리가 기댈 것은 대화뿐이라는 걸 기억하면 좋겠습니다.

위르겐 하버마스 1929~

뛰어난 논쟁가이자, 1974년부터 시작해 모두 14차례나 상을 받음으로써 상복이 많은 철학자이기도 하다. 논쟁의 진정한 의미가 남을 굴복시키는 데 있지 않다는 걸 증명하듯 '지기 위해 논쟁하는 사람'이라고도 불리는데, 이는 하버마스 자신의 철학과 정확히 일치한다.

타인의 고통을 어떻게 대해야 하는가?

레비나스의 타자론

다른 사람을 진정으로 이해하고 지원하려면
그들의 입장이 되어 그들의 눈으로 세상을 보는 법을 배워야 한다.

_ 마크 시몬스

    찰스 디킨슨의 소설 《크리스마스 캐럴》의 주인공인 스크루지 영감 이야기를 모르는 사람은 없을 것입니다. 동업자의 저승길 노자마저 갈취하는 지독한 구두쇠 스크루지는 일 년 중 크리스마스가 가장 싫습니다. 할 일이 태산인데 밖에서는 웃고 떠들고… 뭐가 그리 좋은지 이해할 수 없습니다.

    스크루지는 너무 추워 손이 얼어붙을 것 같은 날에도 난로를 켜지 못하게 하고, 자선단체 사람들에게 독설을 퍼붓습니다. 그는 가난한 사람들도 이해할 수 없습니다. 어차피 똑같이 가난한데 크리스마스가 뭐라고 행복해 하는지 정말로 모르겠습니다. 그의 마음은 차가운 얼음처럼 단단히 얼어붙은 상태죠.

사실 세상 곳곳에는 고통과 슬픔, 아픔이 도처에 놓여 있습니다. 다만, 바라보는 순간 연관되기에 눈을 감고 오직 자신이 누리는 이익에만 집중합니다. 인간은 향유(享有, 누리어 가짐)하는 존재이기에 물질적 즐거움을 누리기 위해 끊임없이 타인과 경쟁합니다. 물질적 욕구를 충족시키고 내 것을 지키려면 타인은 방해이자 내 것을 위협하는 존재일 수밖에 없습니다. 향유하는 존재로서의 인간은 자신에게 도움이 되지 않으면 타인을 배려하거나 보살피지 않습니다. 프랑스의 철학자 에마누엘 레비나스(Emmanuel Levinas)는 이런 인간은 먹고살기 위해 다른 존재를 죽이는 짐승과 다름없다고 말합니다.

1906년 러시아령 리투아니아의 유대인 가정에서 태어난 레비나스는 제2차 세계대전 참전 중 독일군의 포로가 되었습니다. 모진 고문을 당하고도 살아남았지만, 가족과 지인 대부분은 유대인 수용소에서 학살당했습니다. 그는 전쟁이 끝난 뒤 프랑스의 대학에서 교수로 지내며 평생 독일 땅을 밟지 않았습니다. 레비나스는 자신은 전쟁으로 모든 것을 잃었는데 세상은 여전히 아무 일도 없었던 것처럼 존재한다는 것이 말이 안 된다고 생각했습니다. 그렇다면 '존재'란 무엇일까를 고민하기 시작합니다.

"무엇이 '존재'인가?"

레비나스는 주어 없는 존재를 '일리야(ilya, 프랑스어로 ~이 있다라는 뜻)'라고 부르며 두려워했습니다. 그는 어떻게 하면 일리야의 고독에서 도망칠 수 있을까 고민했습니다. 스스로 해석한 자기중심의 세계를 만들어도 일리야를 벗어나는 것은 불가능했습니다. 오랫동안 이 문제를 고민하던 레비나스는 마침내 일리야에서 벗어나는 방법을 찾습니다. 바로 '타자의 얼굴'입니다. 여기서 말하는 얼굴은 진짜 얼굴이기보다는 타인의 타자성을 의미하는 비유적 개념입니다. 다시 말해, 낯선 이의 얼굴에 담긴 고통을 '외면하지 말고 바라보라'는 뜻입니다.

지구상의 많은 문제는 우리가 타인의 고통을 외면하고 자신의 이익만 바라볼 때 생겨납니다. 고통받는 타인을 마주쳤을 때 우리 마음이 불편한 이유는 마주하는 순간 그와 연관을 맺기 때문입니다. 이미 '얼굴'을 봤으니 그를 돕지 않을 수 없습니다. 만약 돕지 않는다 해도 도와주지 않는다는 선택을 한 셈입니다. 도움의 여부와 상관없이 타인과 연관을 맺는다는 것입니다.

의무감과 책임으로부터 오는 자유

존재로서의 존재를 다루는 분야를 '존재론(ontology)'이라고 부릅니다. 레비나스는 존재론이 나 자신에게 집중하며 끊임없이 나의 세계로 귀환하는 사유라고 말합니다. 그러나 나의 존재에 전념하는 것은 이기적인 삶이기에 슬픔을 치유하고 죽음을 극복할 수 없습니다. 마치 스크루지가 세 유령을 만나기 전에 아무리 돈을 많이 벌어도 행복하지 못했던 것처럼 말이죠.

노동과 향유로 자기 세계 안의 모든 것을 자신의 소유물로 만든 스크루지에게 찾아올 손님은 이제 죽음뿐입니다. 과거, 현재, 미래라는 이름의 세 유령을 만나지 않았다면 죽음이 도착할 때까지 자신의 육체만 배불리고 영혼의 질적 도약은 없는 시간을 보냈을 것입니다.

현상학을 연구한 다른 철학자인 에드문트 후설과 장 폴 사르트르는 '의식'에, 마르틴 하이데거는 '존재'에 집중하며 현상학을 발전시킨 반면, 레비나스는 '타자'의 개념에 초점을 맞췄습니다. 레비나스의 타자 개념은 서구 문화 전반에 깔린 전체주의를 반성하게 합니다. 그가 볼 때 서양 존재론은 개인의 고유성을 무시하고 타자를 전체성 속에서 파악하는 사유 방식이었습니다. 레비나스는 데카르트의 '나는 생각한다. 고로 나는 존재한다'라는 인식 주체 중심의 존재론을 '나'뿐만이 아니라 '타자'조차도 '나의 세계'로 끌어들이는 지극히 자기 중심적인 이론으로 보았습니다.

'나'에게 흡수되지 않는 절대적인 '타자'가 있으며, 그 타자에게 가지는 마음과 윤리적 책임감이 우리를 사람다운 사람이 되게 한다고 말합니다. 레비나스는 이것을 나 중심 세계에서의 물질적 욕망에서 벗어나 형이상학적 욕망(metaphysical desire)을 따르는 상태라고 말합니다. 존재하기 위해 먹고 마시고 일하는 나 중심의 세계를 떠나 나의 바깥으로 향하는 사유를 형이상학이라고 부릅니다. 형이상학은 우리가 어디에서 왔는지, 죽음 이후의 삶은 어떠한지, 신은 존재하는지 등의 인간이 답하지 못하는 질문을 탐구합니다. 레비나스는 진정한 삶은 여기에 없으나 우리는 세계 안에 있기에 형이상학이 생겨나고 유지된다고 말합니다.

형이상학적 욕망도 마찬가지입니다. 나에게 이득이 되지 않아도 인간이라면 당연히 해야 하는 종류의 의무감이나 책임감이 느껴지는 때가 있습니다. 이 욕망은 인간이 욕망할 수 있는 최고의 것, 즉 플라톤이 말한 '존재 너머에 있는 최고선의 이데아'의 그 욕망입니다. 예를 들어, 작게는 엘리베이터가 만석인데 몸이 불편해 보이는 사람에게 양보하지 않을 때 느끼는 양심의 가책부터, 크게는 타인을 구하기 위해 기꺼이 자신의 목숨을 희생하는 데까지 이르릅니다. 우리 삶 속에는 존재를 유지하는 생존 본능을 뛰어넘는 초월적 욕망이 가득합니다.

레비나스는 인간이 누리는 자유는 이러한 의무감과 책임을 기꺼이 따를 때 의미가 있다고 말합니다. 타인이 고통받을 때 외면한 뒤 찾아오는 죄책감은 평생 따라다니기도 합니다. 형이상학적 욕망은 우리가 물질적 욕구를 넘어 인간다운 삶을 살도록 이끕니다.

타자의 얼굴에 나타나는 신의 흔적

형이상학은 이 세계 너머를 그리워하는 인간의 욕망이며, 문자 그대로 만질 수 있고 볼 수 있는 사물의 세계 너머를 바라보는 학문입니다. 레비나스는 "(그렇다면) 나의 세계와 다른 이 타자의 세계에서 진정한 삶을 만날 수 있지 않겠느냐?"라고 묻습니다. 그리고 그것이 구원을 주지 않을지 질문합니다.

타자는 자신이 해석한 나 중심의 세계에 넣을 수 없는, 내 세계의 밖에 있는 무한한 존재입니다. 그래서 타자의 '얼굴'을 보고 그 '얼굴'을 책임짐으로써 일리야의 공포로 가득한 내 세계에서 빠져나와 무한으로 향할 수 있습니다. 타자에 대해 윤리적 책임을 질 때 비로소 나 중심의 세계를 벗어나게 됩니다.

레비나스가 말하는 타인의 고통을 외면하지 않고 자신의 세계를 넘어 다른 저편을 향했던 두 인물이 있습니다. 먼저, 독일의 목사이자 신학자인 디트리히 본회퍼는 미국에서 안전하게 머물 수 있었으나 나치 치하의 독일 국민이 걱정되어 독일로 돌아가 적극적으로 나치에 저항하다 처형당했습니다. 그는 타인을 평가할 때는 그들이 겪고 있는 고난을 기준으로 삼아야 한다고 말합니다.

"어떤 미친 운전자가 사람들이 많이 다니는 인도에서 차를 몰아 질주한다면 내 임무는 희생자들의 장례나 치르고 유족을 위로하는 것으로 책임을 다했다고 할 수 없다. 만일 내가 그 자리에 있다면 그 자동차에 올라타서 그 미친 운전자에게서 핸들을 빼앗아 버려야 한다."

타인의 고통을 외면하지 않았던 또 한사람, 프랑스의 실천가이자 철학자인 시몬 베유는 이웃을 사랑한다는 것은 곧 그들에게 그들의 고통이 무엇인지 묻는 일과 같다고 말합니다.

이들은 자신의 안위만 살피는데 급급하지 않고 적극적으로 타인의 고통을 바라보고 헌신했습니다. 내면에서 들리는 양심의 목소리와 타인에 대한 책임을 피하지 않았습니다. 레비나스는 인간이 타인에 대한 책임을 피했기 때문에 나치즘이나 파시즘으로 인한 전쟁이 발생했다고 생각했습니다.

고통받는 사람을 보면 왜 돕고 싶은 마음이 생길까요? 레비나스는 신이 우리 안에 심어 둔 신의 고귀한 성품을 타자가 불러일으켰기 때문이라고 말합니다. 고통받는 타자는 마치 우리를 위에서 내려다보는 주인처럼 마음을 움직이고 명령합니다. 우리는 양심의 가책 또는 죄책감 같은 모양으로 나타나는 그 명령을 외면하지 못합니다.

타자는 어떤 식으로든 내가 규정할 수 없으며 나에게 절대적 명령을 합니다. 그렇기에 레비나스는 "타자의 얼굴은 신의 흔적과도 같다"라고 말합니다. 신이 타자의 얼굴로 우리에게 말을 건넨다는 의미입니다. 레비나스가 말하는 신은 위대하고 전능한 존재로서의 신이 아닙니다. 여기서의 신은 이기적이고 자기중심적인 물질적인 욕망을 담은 기도가 아니라 고통받는 이웃과의 관계 속에서 드러납니다.

세상을 창조한 신은 지금 당장 우리 눈으로 볼 수 없지만, 우리 눈앞에 있는 고통받는 타자는 그 존재 자체로 신이 있다는 것을 드러냅니다. 고통받는 타자를 환대로 맞이할 때 인간은 신에게 속한 고귀한 성품이 드러나며 온전히 인간다워집니다. 레비나스는 성경에서 말하는 '어려움에 빠진 고아와 과부, 약하고 병든 자, 나그네'의 모습을 한 고통받는 타자와의 마주침이 무엇인지 진지하게 사유한 철학자입니다.

자, 이제 다시 생각해 봅시다. 스크루지가 진정 인간다운 인간이 되려면 무엇이 필요할까요? 우선 자신만 중요하다고 여기던 세계에서 빠져나와 타인의 삶을 돌아보아야 합니다. 자신이 벌어들이는 돈에만 몰두하고 있을 때는 인생이 재미없고 불만뿐이었겠지만, 타인의 삶을 외면하지 않는 순간 그동안 느끼지 못했던 마음의 기쁨이 차오릅니다. 레비나스가 끊임없이 말한 것처럼 '타자의 얼굴'을 보는 순간입니다.

또한, 인간답게 살기 위해서 타자와 어울리며 배려하는 마음이 필요합니다. 가까운 사람뿐 아니라 지구상에 사는 나 이외의 존재에게도 관심을 가집니다. 전쟁이나 지진으로 고통받는 사람들의 이야기를 듣고 불편해질 때 예전처럼 외면하지 않고 불편한 마음 아래에 있는 양심의 소리에 귀 기울이면 됩니다.

어느 순간 자신에게도 다른 이를 위해 희생하고자 하는 초월적 욕망이 있다는 것을 깨닫게 됩니다. 이런 과정을 통해 스크루지와 같은 존재도 인간다운 인간이 되어가겠지요?

에마누엘 레비나스 1906~1995

푸아티에대학과 소르본대학에서 학생들을 가르치며 연구에 매진했고, 말년으로 갈수록 점점 더 그의 철학의 중요성을 인정받는다. 현재는 서양 철학의 전통에서 유례를 찾을 수 없는 독특한 윤리적 사유로 각광을 받으며 활발한 연구가 이루어지고 있다.

5장

칸트처럼
행복하라

불안에 흔들리지 않는 법

만족한 바보보다
불만족한 소크라테스가 되어라

밀과 행복

행복을 수중에 넣는 유일한 방법은
행복 이외의 다른 목적을 인생의 목적으로 삼는 것이다.

_ 존 스튜어트 밀

"너 요즘 행복하니?"

누군가 이렇게 묻는다면 뭐라고 대답하게 될까요? 누군가는 안부인사로 넘기고, 누군가는 진지하게 고민하겠죠. 가볍게 대답한 뒤 시간이 지나고도 계속 그 질문이 생각나 고민하는 사람도 있을 것입니다. 그럭저럭 잘 살고 있다고 여기던 누군가는 이런 질문을 받으면 갑자기 삶이 막막하고 나아가 불행하다고 느끼기도 합니다. 그렇다면 행복이란 무엇이며, 어떻게 하면 행복해질 수 있을까요?

남녀노소 누구나 행복을 바랍니다. 행복은 너무나도 강력한 유혹이고 살면서 꼭 달성해야 할 하나의 목표라고도 할 수 있습니다. 그러나 행복은 마치 파랑새와 같아서 몰두하면 몰두할수록 쉽게 잡히지 않습니다. 진정한 행복은 어느 한순간의 감정이 아닌 삶의 모든 경험을 통틀어 판단해야 합니다.

"행복한 가정은 모두 모습이 비슷하고, 불행한 가정은 모두 제각각의 불행을 안고 있다."

레프 톨스토이의 소설 《안나 카레니나》의 첫 문장입니다. 행복에 관심이 없는 사람이 있을까요? 어떻게 하면 행복해지는 걸까요? 기쁨이나 상기된 상태, 마음의 평화나 만족, 자기가 하는 일에 몰입한 상태, 생활에서 충분한 만족과 기쁨을 느끼는 흐뭇한 상태, 전반적인 삶에 대해 느끼는 주관적 자기만족 등 행복의 정의는 다양합니다.

행복의 의미를 정의하기 힘든 이유는 무엇일까요? 행복은 본질적으로 그것을 느끼는 주체에 따라 크게 의미가 달라집니다. 사람은 각자 즐겁다고 느끼는 순간이 모두 다르기에, 누군가에게는 행복한 순간이 다른 이에게는 그렇지 않을 수 있습니다. 돈을 많이 벌면 행복하다고 생각하는 사람도 있고, 누군가는 자신의 꿈이 이뤄질 때 행복하다고 생각합니다. 또 누군가는 타인을 위해 봉사할 때 행복을 느끼며 오지로 들어가기도 합니다.

영국의 경제학자이자 철학자인 존 스튜어트 밀(John Stuart Mill)은 '행복' 외의 대상에 정신을 집중하며 사는 사람만이 행복할 수 있다고 이야기합니다. 또한, 당장 행복 속에 있다 할지라도 "나는 행복한가?"라고 스스로 묻는다면 곧바로 자신이 불행한 사람처럼 느껴지게 될 것이라고 말합니다.

보통 우리는 다른 어떤 것을 목표로 두고 살면서 자연스럽게 행복을 발견하게 됩니다. 그래서 행복을 신경 쓰지 않는 사람이 오히려 행복하며, 행복한가를 고민하는 경우에는 이 행복이 중단됩니다. 행복하냐는 물음은 정답이 없습니다. "아니"라고 말하기에는 그럭저럭 잘 살고, "행복하다"라고 말하기에는 무언가 식연치 않은 기분이 든다면 자신에게 행복이 어떤 의미인지, 자신의 삶에서 무엇을 중요하게 생각하고 있는지 한번 돌아보아야 합니다.

양적 쾌락과
질적 쾌락

영국의 철학자이자 법학자인 제러미 벤담은 양적 공리주의(quantitative utilitarianism) 철학자입니다. 그는 쾌락의 양을 계산하기 위해 강도, 지속시간, 확실성, 근접성, 생산성, 순도, 확장성 등으로 등급을 매겼지만, 결국 모든 쾌락의 가치는 같다고 주장했습니다.

배가 고픈 사람이 음식을 먹고 배가 불러서 느끼는 쾌락도 1점, 목표를 달성해서 느끼는 성취감의 쾌락도 1점으로 계산했고, 개인은 평등하게 한 명으로 계산했습니다. 그래서 쾌락 계산으로 나온 점수의 총점이 높은 사회일수록 행복한 사회라고 주장했습니다. 절대왕정 사회는 소수만 행복하고 다수가 불행하므로 좋은 사회가 아니며, 민주 사회는 다수가 행복하기 때문에 절대왕정 사회와 비교하면 좋은 사회라고 생각했습니다. 이것을 '최대 다수의 최대 행복'이라는 말로 표현했죠.

하지만 질적 공리주의(qualitative utilitarianism) 철학자인 밀의 주장은 다릅니다. 행복에 이르기 위해서는 쾌락의 양과 질 모두 중요하지만, 질 높은 쾌락을 추구하는 것이 더 바람직하다고 주장했습니다. 그는 육체적 쾌락보다는 정신적 쾌락의 질이 더 높다고 생각했고, 정신적 쾌락은 타인의 행복을 통해 얻을 수 있다고 믿었습니다.

"만족한 돼지보다 불만족한 인간인 편이 더 낫다. 마찬가지로 만족한 바보보다 불만족한 소크라테스인 것이 더 낫다."

그렇다고 밀이 육체적 쾌락을 피하라고 말하지는 않습니다.

이는 낮은 질의 쾌락과 높은 질의 쾌락 중 하나만 택해야 하는 상황이라면 질 높은 쾌락을 선택하라는 의미입니다. 그것이 밀이 생각하는 이상적인 삶에 더 가깝습니다. 그는 당장은 힘들고 고통스러울지라도 질 높은 정신적 쾌락을 추구하며 살면 결국에는 더 큰 행복을 누릴 것이라고 말합니다. 다만, 어떠한 가치관을 추구하는지에 따라서 '질 높은 정신적 쾌락'의 종류도 달라질 수 있습니다.

오늘이 마지막인 것처럼 살아야 한다

영화 〈어바웃 타임〉의 주인공인 팀의 가족에게는 조상 대대로 내려오는 비밀이 하나 있습니다. 바로, 과거로 시간 여행을 할 수 있는 능력입니다. 오늘 하루가 마음에 들지 않으면 다시 아침으로 돌아가 다른 선택지를 고를 수 있습니다. 하루를 다시 사는 것이죠.

아침에 서두른다고 판매대 직원의 눈도 보지 않고 돈만 지불했다면, 다시 되돌린 아침에는 그 직원의 눈을 보며 좋은 하루를 보내라는 인사를 건넵니다. 그저 웃으며 시선을 나누었을 뿐인데 직원의 입가에 미소가 생기고, 그 모습을 본 팀의 마음에도 작은 행복이 번집니다.

이제 직장으로 갑니다. 회의에서 상사가 계속 지적을 해 팀원들 모두 기분이 좋지 않습니다. 다시 시간을 돌린 팀은 상사를 향한 재치 있는 욕을 동료에게 보여주고 둘만의 눈인사를 나눕니다. 팀과 동료의 표정이 시간을 돌리기 전보다 한결 편안해 보입니다. 같은 상황이지만, 팀은 단지 조금씩 다른 반응을 선택해 주위 사람을 행복하게 만들었습니다.

영화 끝에 가서 팀은 큰 결심을 합니다. 다시는 시간 여행을 하지 않고 날마다 삶의 마지막 순간인 것처럼 즐겁게 살기로 말입니다. 아침에 아내보다 먼저 일어나 아이들을 챙기고 자신이 대신 귀찮은 일을 도맡아 합니다. 학교에 딸을 들여보낼 때는 뒤돌아보는 딸에게 손을 흔들어 줍니다.

밀이 말하는 진정한 행복이란 인간을 인간답고 고상하게 만드는 질 높은 쾌락을 다양하게 느낄 수 있는 상태입니다. 진정한 행복을 맛보기 위해서는 타인의 행복을 위해 자신에게 주어진 고통도 감수해야 할 필요가 있습니다. 아침에 조금 더 자고 싶지만 배우자를 위해 먼저 일어나 아침을 준비하는 팀의 행동처럼 말입니다. 반대로, 지금 행복하다고 느낀다면 타인이 나를 위해 고통을 감수한 결과일 것입니다. 이를 의식하고 감사한 마음을 가질 때 타인을 위해 고통을 감수하는 선순환이 일어난다고 말합니다.

우리는 이제 "너 요즘 행복하니?"라는 질문에 답하려고 고민하지 않아도 된다는 사실을 알게 되었습니다. 그 질문에 집중하는 순간 현재 자신이 누리는 행복이 휘발된다는 사실을 깨닫게 되었기 때문입니다.

대신, 자신의 인생에서 무엇이 소중하고 무엇을 지키고 싶은지를 스스로에게 물어봅시다. 주로 떠오르는 것은 일상의 작지만 소중한 순간들과 가족, 직장동료 등등 언제나 자신의 곁을 지켜 준 사람들의 얼굴일 것입니다. 매일 가진 것에 감사하고, 이를 잘 가꾸어 지키기로 결심하는 것이 진정한 행복의 비결일 것입니다.

존 스튜어트 밀 1806~1873

"만족한 돼지보다 불만족한 인간인 편이 더 낫다. 마찬가지로 만족한 바보보다 불만족한 소크라테스인 것이 더 낫다"라는 말로 유명하다. 1865년 하원 의원 선거에 출마한 당시 "지역구의 이익을 위해서 일하지 않겠다"와 같은 공약을 내세웠음에도 당당히 당선되었을 정도로 정치적으로 인기 있고 명망이 높았다.

새로운 삶의 목적을
찾는다면
사르트르의 실존

인간은 처음엔 아무것도 아니다.
인간은 스스로 인간이 된다.

_ 장 폴 사르트르

강연을 다니다 알게 된 성은 씨는 50대 중반의 여성입니다.
얼마 전 성은 씨의 두 딸이 영국으로 유학을 떠났습니다. 사실
상 독립입니다. 앞으로 보호자나 부모로서 할 일은 거의 없을
예정입니다.

박사학위까지 받았지만 육아를 위해 직장을 그만두었던 성
은 씨는 커리어의 단절로 종종 후회하기도 하고 다시 일하고
싶다는 생각도 했다고 합니다. 그러나 갑자기 시간이 덩어리
째 생기자 오히려 막막한 기분이 듭니다. 남편은 뭐든 하고 싶
은 것을 하라며 응원하는데, '무엇이든'이라는 사방으로 열린
선택지 앞에서 두려움마저 느꼈다고 말했습니다.

장년에 접어들면 자녀들이 독립하고 그동안의 부모로의 역할이 줄게 됩니다. 이때 성은 씨처럼 자신의 삶의 방향성과 목적에 대해 깊은 고민을 하는 사람이 많아집니다. 자신의 존재의 의미와 앞으로의 삶에서의 역할을 찾지 못하면 쉽게 무력감을 느끼기도 하죠. 어떻게 하면 새로운 삶의 목적을 찾을 수 있을까요?

이런 사람들은 대개 무한한 가능성 앞에서 겁을 냅니다. 너무 많은 가능성과 자유에는 오히려 불안과 책임이 따르기 때문입니다. 때로는 굉장한 부담이 되기도 합니다. 20세기를 대표하는 프랑스 실존주의 철학자인 장 폴 사르트르(Jean-Paul Sartre)는 이러한 상황을 보며 "인간은 자유라는 형벌을 받고 있다"라고 표현했습니다.

인생은 B(birth)와 D(death) 사이의 C(choice)이다

"인간은 무엇인가?", "인간의 본질은 무엇인가?"라는 질문을 스스로 해 본 적이 있나요? 사르트르는 이 질문에 대답하고자 평생을 쏟아 부은 사람입니다. 그는 인간의 자유와 책임을 중요하게 생각했고, 특히 인간의 '절대 자유'를 강조했습니다. 여기서 절대 자유란 인간이 자신의 결단과 의지, 선택에 따라 스스로 삶을 만들어 갈 수밖에 없는 존재라는 것을 의미합니다. 또한, 그는 윤리적인 삶이란 자유로운 주체인 인간이 자신의 행동을 책임지고 자신에게 정직한 채로 사는 삶이라고 강조했습니다.

"인간의 실존이 본질에 앞선다."

사르트르의 실존주의 사상을 한 문장으로 압축한 명언입니다. 이는 인간의 본질이 미리 정해진 것이 아니며, 구체적인 삶이 자신의 본질을 만들어 간다는 뜻입니다. 대부분의 사물은 존재하는 이유가 있기에 실체가 만들어집니다. 본질이란 어떠한 사물이 그 자체로 존재하기 위해 꼭 있어야 하는 전제 조건입니다.

한 가지 예를 들어 볼까요? 우리가 사용하는 '컵'은 액체를 담기 위해 만들어집니다. 이 조건이 없다면 컵의 존재 이유(raison d'être, 레종 데트르)도 없습니다. 그러나 인간은 다릅니다. 우리는 모두 별다른 이유나 사용 목적 없이 세상에 태어난 존재입니다. 그래서 인간은 본질을 스스로 만들어야 합니다. 사르트르는 이렇게 말합니다.

"'나'는 처음부터 존재하지 않는다. 처음부터 존재하는 것은 오직 의식뿐이다. 그 의식이 컵이나 의자 같은 사물, 과거의 나, 타인 등과 스스로를 구별하며 서서히 나를 만들어 간다."

영화 〈코치 카터〉의 등장인물 티모 크루즈는 규칙을 잘 지키지 않는 반항적인 인물입니다. 그는 코치인 카터에게 반발하며 팀을 나갔다가, 주변 인물의 죽음을 겪고 나서 다시 팀으로 돌아오려고 합니다. 이때 카터는 그에게 조건을 겁니다. 실내 체육관 양 끝을 전력 질주로 1,000번 왕복하고 팔굽혀펴기 2,500번을 하는 것입니다.

결국 티모는 체력이 고갈되어 조건을 달성하지 못합니다. 체육관을 떠나라는 카터의 명령에 티모의 팀원들이 자원해서 남은 횟수를 채웁니다. 그렇게 다시 팀으로 돌아온 티모에게 카터는 "너의 가장 깊은 공포가 뭐지?"라고 질문합니다. 이 질문은 티모가 자신의 내면을 들여다보는 중요한 계기가 됩니다.

이전까지 카터는 가난한 동네의 흑인 학교에 다니며 자신의 미래를 고정하고 안주해 왔습니다. 카터는 질문을 통해 티모가 그동안 외면했던 무한한 가능성을 향한 두려움을 마주하게 했고, 이를 들여다본 티모는 이전과는 다른 사람으로 바뀌어 갑니다.

가능성과 자유함에
집중하다

사물에는 존재 이유가 앞서기에 자유가 없습니다. 액체를 담기 위해 컵이 존재하고, 종이를 자르기 위해 가위가 존재합니다. 하지만 인간은 무엇이 되고 무엇을 할지 자유롭게 선택할 수 있습니다.

사르트르는 인간처럼 스스로 본질을 만들어 가야 하는 존재를 대자존재(being-for-itself), 사물처럼 처음부터 본질이 고정된 존재를 즉자존재(being-in-itself)라고 표현합니다. 그는 대자존재를 '어느 한 순간도 현재의 모습 그대로 있지 않는 존재'라고 설명했습니다. 스스로를 의식하는 순간 이미 '지금'은 과거가 되기 때문입니다. 그렇기에 인간은 언제나 미래를 사는 존재이며, 자신의 가능성이 항상 자신을 앞지릅니다.

이 무한한 가능성, 즉 자유는 고정되지 않기에 늘 우리를 불안하게 만듭니다. 그래서 어떤 역할을 지정하여 그 모습에 맞춰 스스로를 꾸며 내기도 하고, 도전보다 안정감을 주는 미래를 선택하기도 합니다. 불안에서 벗어나고자 하는 노력인 것이지요. 그래서 사르트르는 "인간은 자유라는 형벌을 받고 있다"라고 말합니다. 자유는 괴롭습니다. 불안정하고 모든 행동에 책임이 따르기 때문입니다. 무수한 선택지인 갈림길 앞에서 어쩔 수 없이 혼란을 감당해야 합니다.

인간은 늘 불안을 피하기 위해 선택할 자유가 없는 것처럼 행동하지만, 사르트르는 이를 자기기만이라고 말합니다. 인간은 불안을 감당하고, 삶을 선택하면서 자신을 계속 미래로 나아가도록 스스로 이끌어야 합니다.

인생을 살면서 꼭 한번쯤은 어떤 길을 선택해야 할지 막막한 순간이 찾아옵니다. 이럴 때는 다음 세 가지 방법을 이용해 보면 좋습니다. 첫째, 이 시기를 이용해 스스로의 내면을 들여다보고 그동안 소홀했던 취미나 과거에 관심이 있었던 예술 활동, 요가 수업 등에 참여하는 것입니다. 둘째, 다양한 모임이나 동호회에 참여하여 새로운 사람들과 교류해 보는 것도 좋습니다. 이를 통해 다양한 분야의 정보를 얻고, 새로운 활력을 찾을 수 있습니다. 마지막으로, 일기나 에세이를 작성하여 자신의 감정과 생각을 정리해 보는 방법도 좋습니다. 이를 통해 스스로의 내면을 명확하게 인식하여 앞으로 나아갈 방향을 보다 수월히 결정할 수 있습니다.

사르트르의 관점에서 보면 성은 씨는 삶의 목적을 새롭게 정의하고 찾기 위한 여정에 있습니다. 지금 느끼는 무력감과 불확실성은 사르트르가 주장한 인간의 자유와 그로 인한 불안의 결과입니다. 삶의 의미는 정해진 것이 아니고, 앞으로 스스로 선택하고 만들어 나가야 하는 것입니다. 무엇이든 가능하기에 무엇이든 선택할 수 있지 않을까요?

자식을 키울 때는 많은 사람이 부모가 처음입니다. 막막하고 겁도 내지만, 결국은 대부분 사람이 훌륭하게 잘 해냅니다. 이처럼 자신의 미래도 책임지기로 결심해 봅시다. 무엇이든 가능하기에 무엇이든 선택할 수 있습니다. 불안을 고통스럽게만 여기지 않고 삶의 목적을 새롭게 정의할 기회라 여긴다면, '내'가 스스로 고민하고 선택한 답들이 보다 더 행복한 미래를 향해 따듯하게 등을 밀어 줄 것입니다.

장 폴 사르트르 1905~1980

프랑스 실존주의의 아버지로 여겨지며, "철학자이자 작가로서, 또한 프랑스 정치사에 있어서 인정받은 프랑스의 유일한 지식인이다"라는 평가를 받는다.

쓸모없음의
쓸모를 찾아서

장자의 무용지용

사람들은 불필요해 보이는 것이
오히려 인생에서 진정으로 도움이 된다는 것은 모른다.

_ 장자

도가의 대표적인 사상가로 장자(莊子)가 있습니다. 도가의
창시자로 불리는 노자(老子)의 사상은 정치에 가까우나, 장자
는 세속을 떠난 삶을 강조합니다. 장자에게 있어 도(道)란 선악
(善惡), 미추(美醜), 우열(優劣), 고저(高低) 등을 인위적으로 구
분하지 않는 태도를 말합니다.

장자의 사상은 관점주의(perspectivism)라고 표현할 수 있습
니다. 모든 관점이란 결국은 각자의 생각에서 비롯하기에 세
상에 절대적이고 보편타당한 기준이 없다는 것입니다. 우리
삶을 "무엇이 맞고 무엇이 틀리다"라는 한마디로 정의할 수 없
다는 뜻이지요. 그렇기에 자신의 관점에 집착하지 말고 상대

방의 관점으로도 상황을 볼 수 있어야 합니다. 우리의 판단은
어디까지나 각자의 상황과 처지에 따라 달라지기에 절대적일
수 없습니다. 짧은지 긴지, 무거운지 가벼운지, 아름다운지 추
한지는 서로 비교해 보아야 알 수 있습니다.

미생물의 시야에서는 짐승의 털이 세상의 전부인 것처럼 느
껴지고, 우주에서 지구를 바라보면 태산은 그저 평평한 표면에
불과합니다. 하루살이의 입장에서는 요절한 사람도 무한에 가
까울 만큼 오래산 것이고, 지구의 나이를 생각하면 중국의 신
선 설화집 속 800년 이상을 살았다는 팽조도 그저 찰나에 불과
한 시간동안 존재했을 뿐입니다.

이처럼 타인의 입장, 심지어는 사물과 동식물의 입장에서도
세상을 바라보아야 합니다. 어느 무엇도 절대 개념이 아니고,
서로가 서로에게 의존하는 개념이기 때문입니다.

"작은 것에 연연하여 옳고 그름을 따지지 말고, 모든 편견에서
벗어날 때 전체를 볼 수 있다."

장자는 도, 즉 절대 진리는 언어로 나타낼 수 없다고 말합니
다. 도라고 말할 수 있는 것은 이미 도가 아니라는 의미입니다.
도의 관점에서 보면 모든 만물의 가치는 같습니다. 이를 만물
제동(萬物齊同)이라 부릅니다.

우리가 생각하는 우주는 인간의 감각이나 사고로 구별한 것에 불과하며, 도덕적인 가치와 물리적인 차이 또한 인간이 정한 것입니다. 인간이 만든 차이를 없애면 모든 가치의 우열이 사라집니다. 그래서 구별을 모두 제거하면 만물은 그저 하나가 됩니다. 결국에는 '나'와 '나 이외의 모든 것'은 동일하다는 생각으로 연결됩니다.

장자는 본래 자신과 자신 이외의 것을 구분하는 벽이 없기 때문에 타인과 다투는 것도 의미 없는 행동이라고 말합니다. 만물제동의 세계에는 어떠한 가치와 우열도 없으니 누구와도 비교하지 않고 그저 자신이 원하는 대로 살아도 괜찮다고 생각했기 때문입니다.

쓸모없음의 쓸모

장자가 말한 고사성어 중 무용지용(無用之用)이라는 말이 있습니다. 쓸모없음의 쓸모 있음, 즉, 언뜻 보아서 쓸모없어 보이는 것이 오히려 쓰임새가 더 많다는 의미입니다. 장자는 쓸모 있는 것은 쓸모없는 것이 있어야 알 수 있고, 쓸모없는 것은 쓸모 있는 것이 있어야 알 수 있다고 생각했습니다. 한쪽이 없으면 다른 한쪽만으로는 알 수 없다는 의미입니다.

우리가 밟고 다니는 길은 쓸모 있습니다. 하지만 쓸모 있는 길을 제외하고 쓸모없는 길 외의 땅을 모두 없애면 쓸모 있다고 생각한 것도 동시에 사라지고 맙니다. 장자는 모든 만물의 유용성은 다른 것들과 비교해야 하는 것이 아니며, 만물 하나하나가 저마다 절대적인 가치를 지니고 있다고 생각했습니다. 이것이 무용지용의 진짜 의미입니다.

우리는 삶에서 일어나는 일들을 항상 다른 것과 비교하고 판단하지만, 장자는 일련의 사건들 사이에도 가치의 우열이 없다고 말합니다. 쓸모없는 것이 없으면 쓸모 있다는 것도 알 수 없듯이, 불행한 사건도 그 나름대로 가치가 있으며 쓸모없는 경험은 없다고 말이지요.

사람도 마찬가지입니다. 장자가 보았을 때 절대적인 의미에서 쓸모없는 인간은 없습니다. 그래서 쓸모없는 사람을 사회적 욕망을 내려놓은 사람으로 해석합니다. 오히려 쓸모가 없을수록 더욱 자유로워질 수 있다는 말과 함께 말입니다. 사회적으로 쓸모가 없기에 위험에 처할 일이 없으며, 누군가에게 쓸모 있는 존재가 되기 위해 애쓰지 않기에 스스로를 고통 속으로 몰아넣지 않는다고 말합니다.

또한, 쓸모없는 인생이란 없으며 각자의 삶은 모두 가치가 있다고 말합니다. 자신이 쓸모 있다고 생각한 인생은 오로지 스스로의 관점일 뿐이며, 또 다른 관점으로는 다를 수 있다는 의미입니다. 나에게 좋은 일이 누군가에게는 가슴 아픈 일일 수 있고, 나의 이익이 누군가에게는 손해일 수 있으며, 눈앞의 기쁨 또는 슬픔이 미래에 어떻게 연결될지 알 수 없습니다.

그렇기에 지금 당장 눈앞에 보이는 세상을 비교하고 판단하며 구분지어 일희일비하지 않는 것이 중요합니다. 앞으로 일어날 모든 일을 인생 전체를 조망하는 시선으로 바라볼 수 있다면 불행보다 행복에 조금 더 가까워지지 않을까요? 때로는 불행과 슬픔의 옷을 입고 행복이 찾아오기도 하니까요.

누군가의 기대와 기준을 충족시켜 자신의 가치를 증명하는 것이 아니라, 자신의 본성을 이해하고 자연스러운 모습을 드러내며 삶의 모든 순간과 과정에서 즐거움과 행복을 느끼며 살게 되기를 바랍니다.

장자 B.C.369?~B.C.286?

송에서 태어났고, 이름은 주(周), 자는 자휴(子休)이다. 노자와 함께 묶어 흔히 노장 사상이라고 부르지만 두 사람의 사상에는 차이가 있다. 노자가 정치와 사회에 관심을 두었다면, 장자는 철저하게 개인에 몰두했다.

할 수 없는 것에
집착하지 않는 법

에픽테토스와 자유

할 수 없는 것은 받아들이고,
할 수 있는 것에 노력을 다하라.

_ 에픽테토스

바쁜 현대인들의 머릿속은 늘 시끄럽습니다. 아무도 없는 정말 조용한 공간에서도 머릿속에는 온갖 생각이 쉴 새 없이 오고갑니다. 마치 고장 난 메시지 알림창처럼 말이죠. 당장 급한 업무 리스트, 배우자와 다툰 뒤 남은 껄끄러운 감정들, 다가오는 전세 만료일과 대출 만기 등 수많은 일이 쉴 새 없이 머릿속을 떠돌아다닙니다.

어떻게 하면 우리의 마음을 고요하고 평화롭게 만들 수 있을까요?

통제할 수 있는 것에
집중하라

에픽테토스(Epictetus)는 1~2세기경에 활동한 고대 그리스 로마의 스토아 철학자입니다. 한때 노예였지만 해방되자 젊은 이들에게 철학을 가르쳤고, 곧 당대 가장 존경받는 스토아 철학자가 되었습니다. 그는 일생동안 '자유'와 '노예'라는 주제에 집중하여 자신의 철학을 발전시켰습니다. 여기서 자유와 노예는 실제로 자신이 속하는 사회적 지위와 관계없는 정신적 지위이자 태도를 말합니다.

에픽테토스는 자유란 인간이라면 누구나 당연히 누릴 수 있는 정신적 자유, 노예는 스스로를 가두고 억압하는 정신적 부자유 상태를 뜻한다고 말합니다. 그는 노예 생활을 하며 그 무엇도 마음대로 할 수 없는 상황을 온몸으로 겪어 보았기에 진정한 의미의 자유를 온전히 깨달았습니다. 그리고 이제 그만 정신적 노예의 상태를 벗어나기를 설득했습니다.

사람은 '~해야만 한다'라는 의무감 때문에 고통과 강박에 시달립니다. 또는 할 수 있는 것을 오랫동안 '할 수 없다'라고 생각하며 자신을 억압하기도 합니다. 이때 고통에서 벗어나 자유를 되찾고 싶다면 무엇이 자신을 억압하는지, 그것이 사실인지 아니면 단지 자신의 생각에서 비롯한 것인지 들여다볼 용기가 필요합니다.

에픽테토스는 사람들이 혼란한 세상에서 마음의 평화를 유지하고 충만한 삶을 살도록 돕기 위해 철학을 공부했습니다. 그는 인간의 본성은 이성적이지만 욕망 때문에 그릇된 선택을 한다고 말합니다. 이를 극복하기 위해서는 통제할 수 있는 것과 통제할 수 없는 것을 구분해야 한다고 강조했습니다.

생각, 욕구, 감정, 태도 등 내면에서 일어나는 것은 이성적으로 통제할 수 있지만 몸, 외부 환경, 날씨, 타인의 행동, 죽음, 평판 등은 통제할 수 없습니다. 불안과 스트레스는 통제할 수 없는 부, 명예, 권력, 사회적 지위에 집중할 때 찾아옵니다. 통제 밖에 있는 것은 흘러가도록 두어야 합니다. 우리는 단지 이들을 어떻게 판단하고 받아들일지 선택할 수 있을 뿐입니다. 내면의 안정감을 되찾는 첫걸음은 통제할 수 있는 욕망, 생각, 싫고 좋음 등에 집중하고 관심을 기울이는 것입니다.

이러한 안정감을 더욱 견고하게 유지하는 방법도 있습니다. 바로 유연한 마음으로 새로운 자극을 받아들이고 경험하는 것입니다. 이때 긍정적인 태도, 자기 인식, 감정 조절, 삶을 즐기는 태도, 신뢰 등이 도움이 됩니다. 마르쿠스 아우렐리우스는 "행복한 사람은 스스로 행복을 창조하는 사람이다. 행운의 열쇠는 좋은 마음가짐과 좋은 행동을 선택하는 것이다"라고 말했습니다. 무엇을 어떻게 평가하고 반응할지는 모두 자신의 책임이며 행복도, 불안도 우리가 선택할 수 있습니다.

이성을 돌보는 데
시간을 보내라

뇌의 영역에서 편도체는 생존 본능을 다루는 장소입니다. 스트레스를 받으면 편도체가 활성화되고 세 가지 반응이 나타납니다. 바로 도망, 공격, 얼어붙기와 같은 태도입니다. 과거에는 이러한 반응이 물리적 위험에 처한 상황을 피하고 반격하는 등 생존과 연결되는 결정적 역할을 했을 것입니다. 하지만 현대 사회에서는 생존 본능보다는 전략적이고 복잡한 반응이 요구됩니다.

회사에서나 인간관계에서 스트레스를 받을 때 도망치고, 공격하고, 얼어붙기만 한다면 문제를 원만하게 해결하기 어렵습니다. 폭풍우 때문에 뱃멀미를 겪고 있다면 폭풍우를 멈추려고 할 것이 아니라 뱃멀미를 멈출 방법을 찾는 데 집중해야 합니다. 즉, 자신의 내면세계에 집중하고 그 안에서 오고가는 여러 가지 갈등 요소를 명확하게 구분해야 합니다. 어떻게 해야 긍정적인 결과를 이끌어낼 수 있을지에 집중하는 것입니다.

에픽테토스는 먼저 자신이 어떤 사람이 되고 싶은지를 스스로 물어보라고 말합니다. 그런 뒤에 그 모습이 되기 위해서 필요한 일을 하라는 것이지요. 그러기 위해서는 우리가 누리는 모든 것을 당연하게 생각하지 않고 늘 감사하고 표현하며 긍정적인 경험을 쌓아야 합니다.

좋아하는 사람을 만나고, 좋아하는 음식을 먹고, 자신을 행복하게 만드는 일을 해야 합니다. 일상의 곳곳에 존재하는 사소한 행복에 집중하면 힘든 상황에서도 평정심을 유지할 수 있습니다. 에픽테토스는 평화로운 삶을 원한다면 성숙한 인간으로 살기로 결심하고, 이를 실제로 행하라고 말합니다. 결국 자기 인식과 인격을 향상시키는 길만이 내면의 평화를 되찾는 유일한 길인 것입니다.

현대 사회는 광고와 마케팅을 이용해 끊임없이 더 많은 것을 원하고 탐하도록 유도합니다. 물질의 풍요도 이러한 흐름을 부채질합니다. 에픽테토스는 우리를 불행에 빠뜨리는 가장 큰 원인이 욕망이라고 말합니다. 우리는 원하는 것을 얻지 못할 때 크게 실망하고, 또 그것에 집중해 스스로를 고통스럽게 만듭니다. 결국 욕망은 평온한 마음을 깨뜨리고 우리를 불행 속으로 밀어 넣습니다.

그렇기에 에픽테토스는 반드시 욕망을 제어해야 한다고 말합니다. 욕망은 일종의 습관에 불과합니다. 아무리 강력한 욕망일지라도 이성과 의지를 이용해 다스릴 수 있습니다. 우리가 옳은 일인 줄 알면서도 그 일을 하지 않고, 때로는 옳지 않은 일인 줄 알면서도 그 일을 하는 이유는 의지의 부족 때문입니다. 욕망처럼 의지도 이성으로 움직일 수 있습니다. 그래서 에픽테토스는 몸보다는 이성을 돌보는 데 더 많은 시간을 쓰기를 권합니다.

　오늘부터 자신이 통제할 수 있는 것과 없는 것을 구분하는 데 집중해 봅시다. 자신이 통제할 수 있는 것은 오로지 자신의 생각과 감정이며 나머지 대부분은 통제할 수 없는 영역이라는 것을 인정하면서 말입니다. 할 수 있는 것에 집중하고, 매일을 긍정적인 감정을 부르는 일들로 가득 채우면, 머릿속을 부산스럽게 날아다니던 새들이 둥지 안에 조용히 앉고 내면에 고요함이 찾아 올 것입니다.

에픽테토스 55?~135?

스토아 학파의 대표적인 철학자이다. 외적인 부의 축적이나 성공에 초연해서 가르치는 일에만 헌신하며 명성을 얻었다. 스스로 쓴 것이 아무것도 없으며, 현재까지 남은 그의 사상은 제자인 아리아노스가 기록한 것으로 알려져 있다.

칸트와 도덕

인간은 중요한 가치를 가진 목적을 위해
노력해야 한다.

_ 이마누엘 칸트

　우리는 문득문득 '내가 행복할 자격이 있나?'라는 질문을 스
스로에게 합니다. 자기 검열이 심한 편이라면 친구와 만나고
집에 와서도 자신이 한 말들을 복기하고 평가하기도 합니다.
자신이 무례하지 않았는지, 실수한 부분은 없는지 생각하다 보
면 기분이 가라앉을 때도 많지요.

　마음 편히 그저 즐겁고 말면 좋을 텐데 왜 이렇게 스스로를
피곤하게 만들며 자격을 따질까요? 막무가내로 자신만 좋으면
된다는 식으로 살아가는 이기적인 사람도 많은데 말이죠.

인간은
어떻게 깨닫고 판단할까?

1724년 프로이센 왕국에서 태어난 이마누엘 칸트(Immanuel Kant)는 서양 근대 철학사에서 천동설(天動說)을 지동설(地動說)로 뒤집은 수준의 전환, 즉 코페르니쿠스적 혁명을 일으켰다고 평가받는 철학자입니다. 칸트가 이러한 평가를 받는 데는 그가 인식론에 미친 영향이 한몫 했습니다.

인식론이란 인간이 지식을 얻는 방법을 연구하는 철학의 한 분야입니다. 이 인식론은 칸트가 등장한 뒤로 크게 뒤바뀝니다. 당시 사람들은 '인식이 대상을 따른다'라고 생각했습니다. "나는 무엇을 안다"라고 말할 때, '무엇'이 바로 대상입니다. 사람들은 우리가 눈앞에 있는 대상을 그대로 베끼듯이 인식한다고 믿어 왔습니다. 그러나 칸트는 '대상이 인식에 따른다'라고 주장했습니다.

이는 인간이 아 프리오리(A priori) 인식 시스템으로 대상을 인식한다는 견해입니다. 아 프리오리는 '경험에 앞서는 것', '경험을 통하지 않고도'라는 의미입니다. 즉, 무엇인가를 경험하고 이해하는 방식이 우리 뇌에 이미 프로그래밍 되어 있다는 뜻입니다. 칸트에 따르면 이러한 아 프리오리적인 인식은 감성과 오성이라는 두 단계의 협력으로 이루어지며, 인간은 반드시 이 두 단계를 거쳐야만 대상을 인식할 수 있습니다.

여기서 칸트가 말하는 감성은 감각 자료를 받아들이는 능력, 즉 무언가를 보고 들을 수 있는 능력이며 이러한 감성을 통해 이루어진 인식의 단계를 직관이라고 말합니다. 이 직관은 사물을 감성의 형식(시간과 공간)으로 파악한 것으로, 아직 '올바른 인식'이라고 말하기에는 부족한 단계입니다. 사실 시간과 공간은 현실이 아니라 인간의 머릿속에만 존재하는 개념이기 때문입니다.

이러한 직관을 올바른 인식으로 끌어 올리는 것이 오성입니다. 사람이 논리적으로 사고할 수 있는 이유는 판단을 위한 '열두 가지 형식'을 가지고 태어난 덕분입니다. 그 형식 중 하나가 바로 원인과 결과입니다. 만약 하늘에서 사과가 떨어진다면 강아지는 떨어진 사과만 바라볼 것입니다. 그러나 인간은 무의식적으로 위를 올려다보며 사과가 떨어진 원인을 찾으려고 합니다. 이렇듯 인간에게만 있는 공통적인 이해 방식을 오성의 형식이라고 합니다.

칸트가 등장하기 전에는 '사과가 있으니 우리는 그것을 사과라고 인식한다'라고 생각했다면 칸트는 '인간은 사과를 사과로 보는 본래의 시스템에 의해 사과로 본다'라고 생각한 것입니다. 또한, 칸트는 인간이 고유의 시스템을 통해 대상을 인식하기에 그 누구도 사과의 본모습(물자체)을 알 수 없다고 주장합니다. 실제 사과의 모습과 우리가 인식한 사과의 모습에 차이가 있을 수밖에 없다는 뜻입니다. 이렇듯 인식론에 접근하는 방식을 완전히 바꾸었기 때문에 이를 코페르니쿠스적 전환이라고 부릅니다.

행복할 의무를 다하는 방법

칸트는 우리가 보고 만지고 들을 수 있는 이 세계를 현상계(phenomena)라 부르고, 인간이 인식할 수 없는 물자체의 세계를 예지계(noumena)라고 불렀습니다. 앞서 말한 것처럼, 인간의 인식능력으로는 예지계를 볼 수 없습니다. 그래서 현상계에 있는 현상으로써의 사과는 우리가 인식할 수 있지만 예지계에 있는 사과의 물자체는 알 수 없습니다.

칸트는 물체의 물자체는 인식할 수 없지만, 형체가 없는 도덕 법칙은 인식이 가능할지도 모른다고 생각했습니다. 우리는 양심의 소리를 통해 도덕 법칙을 인식할 수 있으며, 이성을 이용해 이 소리를 들을 수 있기 때문입니다. 여기서 도덕 법칙은 누구나 납득하는 보편적인 기준을 말합니다. 칸트는 도덕 법칙이 특적 목정을 달성하기 위한 수단이 아닌 목적 그 자체로 존재해야 한다고 주장했습니다. 자신이 대접받기 위해(목적) 타인에게 친절을 베푸는 것(수단)은 도덕이 아니라는 의미입니다. 그는 도덕을 '~하고 싶다면 ~하라'가 아니라 '그저 ~하라'라는 정언명법으로 표현합니다. 이유나 결과와 상관없이 따라야 할 절대적 기준이 도덕인 것입니다.

칸트는 신념에 따라 스스로 정한 행동 법칙을 격률이라고 표현합니다. '나는 일찍 자고 일찍 일어나기로 했다', '나는 거짓 말을 하지 않기로 했다', '나는 타인을 다정하게 대하기로 했다' 와 같은 결심이 격률입니다. 이러한 격률은 더 나은 삶을 위해 스스로 약속한 것으로, 도덕 법칙과 구분됩니다. 만약 개인의 격률과 도덕이 일치하는 경우 누군가가 시키지 않더라도 스스로 도덕을 행하게 됩니다. 이때 우리는 자유를 얻습니다.

어떻게 해야 격률과 도덕 법칙이 같게 만들 수 있을까요? 이성이 도덕 법칙의 소리에 따라 행동하는 상태가 바로 격률과 도덕 법칙이 일치한 상태입니다. 도덕 법칙을 따르지만 자신이 하고자 선택한 행동 법칙이기에 자유를 느끼는 것입니다. 칸트가 "격률이 보편적 법칙이 되도록 행동하라"라고 말한 이유입니다.

칸트는 선(善)에 두 가지 종류가 있다고 보았습니다. 첫 번째는 자연적 선입니다. 좋은 것으로 생각할 수밖에 없고, 그것을 취했을 때에 좋은 감정을 갖게 하는 욕망의 대상을 '자연적 선' 이라고 부릅니다. 이러한 자연적 선을 모은 목록이 흔히 쓰는 버킷 리스트입니다. 인간은 태어날 때부터 특정한 욕구를 지닙니다. 이 욕구가 충족되면 기쁨과 쾌감을 느끼고, 그렇지 않으면 고통과 불쾌감을 느낍니다. 인간은 자신이 원하는 것을 했을 때 행복을 느낍니다.

두 번째 선은 도덕적 선으로, 말 그대로 도덕적으로 좋은 것을 의미합니다. 예를 들어, 고통에 빠진 사람을 돕는 것, 자신의 이익을 위해 타인을 해하지 않는 것, 도움이 필요한 이를 돕는 것 등이 도덕적 선입니다. 이 도덕적 선은 자연적 선과 다릅니다. 도덕적 선은 명령의 성격을 가지고 있습니다. 설령 싫더라도 반드시 해야만 하는 것이기에 도덕적 의무라고도 부릅니다. 그런데 칸트는 자연적 선과 도덕적 선이 일치하는 경우가 존재한다고 말합니다. 건강을 유지하기 위해 노력하는 행위나 부모님께 효도하는 것 등이 여기에 해당합니다.

영화 〈꾸뻬씨의 행복 여행〉의 주인공 헥터는 어느날 행복이 무엇인지 의문이 들고, 그 답을 찾기 위해 여행을 떠납니다. 그 과정에서 티벳의 한 노승은 헥터에게 여행에서 무엇을 배웠는지 질문합니다. 헥터가 "우리는 모두 행복할 능력이 있다"라고 말하자 노승은 답의 수준을 더 높여 보라고 요구합니다. 다시 "우리는 모두 행복할 권리가 있다"라고 말하자, 노승은 한 번 더 높여 보라고 말합니다. 그때 헥터는 무엇인가 깨달은 표정으로 "우리는 모두 행복할 의무가 있다!"라고 말합니다.

칸트 철학의 핵심은 바로 도덕성입니다. 도덕적 의무가 인간의 자연적 행복과 비교할 수 없을 정도로 중요하다고 말합니다. 그러나 가끔 도덕적 의무를 행할 수 없는 상황에 놓입니다. 가족이 병에 걸려 죽어가고 있는데 당장 수중에 돈이 없는 상황을 상상해 봅시다. 대부분 나쁜 짓인 것을 알면서도 약을 훔칠 것입니다. 칸트는 피치 못할 상황에 처해 도덕적 의무를 지키지 못하는 일이 없도록 평소에 미리 준비하고 주의를 기울이라고 말합니다.

칸트는 인간이 생각하고 판단하는 능력인 이성을 도덕적 행복을 찾기 위해 사용해야 한다고 생각했습니다. 그리고 행복을 추구할 때의 행동이 누구에게나 좋은 행동인지 항상 생각해 보라고 조언합니다. 또한, 도덕적으로 선한 상태와 개인이 행복한 상태가 일치하는 것이 최고선이라고 말합니다. 즉, 최고선은 도덕과 행복이 결합한 상태입니다. 추운 겨울, 도움이 필요한 이에게 겉옷을 벗어 주고 돌아설 때 가슴 깊이 번지는 기쁨이 바로 최고선입니다. 대부분은 항상 도덕적으로 살지 못하더라도 최고선이 위대한 가치라는 것은 알고 있습니다.

그래서일까요? 우리는 자신의 삶에서 최고선을 실현하기가 불가능하다고 생각하면서도, 누군가는 그렇게 행하기를 바랍니다. 누구나 도덕적 선을 행하는, 좋은 사람들이 행복한 세상을 꿈꾸는 것이지요. 자신이 행복할 자격에 대해 생각하고 스스로를 돌아보는 행위는 칸트가 말하는 최고선을 추구하는 방식입니다. 실은 자기 자신에게만 좋은 게 아니라 도덕적으로 좋은 방법으로 행복을 찾고 있었다는 사실을 깨닫게 되지 않았나요? 아마 숱하게 좌절했던 순간들을 보상받는 기분이 들 수도 있겠습니다.

행복의 자격에 대한 잣대를 가혹하게 들이댄다면 행복 지수는 떨어집니다. 다만 자신의 좋음을 생각하며 타인의 좋음도 함께 생각해야겠다는 생각을 하며 산다면, 앞으로도 우리 삶에 남은 '행복할 의무'를 다할 수 있을 것입니다.

이마누엘 칸트 1724~1804

칸트 이전의 철학과 이후의 철학으로 나뉠 정도로, 18세기 철학에 가장 절대적인 영향을 끼친 인물로 평가받는다. 평생 독신으로 커피와 담배를 즐겼고, 마지막으로 "그것으로 좋다(Es ist gut)"라는 말을 남겼다.

6장

세네카처럼
선택하라

가치 있는 인생을 사는 법

죽음을
잘 준비해야 하는 이유

세네카와 죽음

인간이 품고 있는 죽음의 공포는
모두 자연에 대한 인식의 결여에서 유래한다.

_ 루크레티우스

죽음이란 무엇일까요? 왜 우리는 죽음을 무서워할까요? 죽음은 누구나 이해하기 어려운 개념입니다. 죽기 전에는 그 누구도 죽음 너머를 경험할 수 없기 때문입니다. 죽음이란 생명을 가진 존재의 끝을 의미합니다. 마치 삶과 대립하는 무언가처럼 느껴지기도 합니다. 그러나 삶과 죽음은 서로 분리할 수 없고, 의지와 관계없이 언젠가는 삶 어딘가에서 마침표를 찍어야만 합니다. 죽음을 피해 가는 생명은 없습니다.

사람들은 대부분 잠깐 죽음을 떠올리는 것도 꺼려합니다. 그래서 준비되지 않은 상태로 죽음을 만난 당사자도, 이승에 남은 사람도 힘든 상황을 맞이하는 경우가 많습니다. 그러나 죽음을 준비한다는 것은 말 그대로 죽을 준비를 하는 것이 아닙니다. '죽음을 똑바로 바라본다'라는 의미입니다. 삶과 죽음은 하나입니다. 그러나 우리는 의도적으로 죽음을 멀리하고 삶만을 강조하며 삽니다. 자신의 인생을 어떻게 살고 싶은지 깨달으려면 죽음을 온전히 마주해 보아야만 합니다.

고대 로마의 정치가이자 철학자 루시우스 세네카(Lucius Annaeus Seneca)는 선한 사람이 부당하게 중상모략을 당해 상처를 입는 것처럼 우리의 죽음도 상처받고 있다고 말합니다. 경험해 보지도 않은 죽음을 미리 두려워하고 공포에 떠는 것은 죽음에 대한 중상모략과 같다는 의미입니다. 어떻게 해야 죽음을 제대로 바라볼 수 있을까요? 잠시 세네카의 삶을 소개해 보겠습니다. 세네카는 '잘 죽는 법'을 찾기 위해 평생을 바친 현명한 인물입니다.

세네카는 폭군으로 유명한 로마 네로 황제의 스승이기도 했는데, 제자인 네로가 어느 순간부터 왕족을 죽이고 폭정을 일삼자 그의 곁을 떠나기로 결심합니다. 그러나 정계에서 은퇴한 뒤 얼마 지나지 않아 황제 암살 사건에 연루되어 자살을 명령받습니다. 사실 이는 억울한 선고였습니다. 세네카는 의혹과 달리 암살 음모에 가담하지 않았기 때문입니다.

만약 평범한 사람이었다면 곧바로 황제 앞에 찾아가 목숨만이라도 살려 달라며 빌었을 것입니다. 그러나 세네카는 달랐습니다. 그는 '죽음'에 몰두했던 인물답게 담담하게 명령을 받아들였고, 스스로 생을 마감합니다. 어떻게 세네카는 죽음을 바로 앞에 두고도 의연한 태도를 보일 수 있었을까요? 사실 그는 사람들이 죽음 자체에 지나치게 과민 반응을 보인다고 생각했습니다. 그렇기에 죽음의 진정한 모습을 더욱 알아차리기 어렵다며 말입니다.

죽음은 악(惡)이 아니지만 우리의 눈에는 악처럼 보입니다. 인간의 내면에 존재하는 자신을 지키려는 마음, 존재하고자 하는 욕망, 소멸에 대한 두려움이 그렇게 보이도록 만드는 것입니다. 미래를 향한 두려움도 여기에 큰 영향을 미칩니다. 사람들은 죽음이 우리의 삶을 흔들고 망친다고 생각하지만, 실제로는 죽음에 대한 인간의 공포가 그렇게 만드는 것입니다.

이러한 두려움에서 해방되면 시시때때로 밀려오는 여러 불안에서 완전히 자유로워집니다. 인간이 가장 두려워하는 것이 바로 죽음이기에 이를 극복한 사람은 더 이상 어떤 것으로도 속박할 수 없습니다. 세네카가 "죽음의 공포를 극복한 사람은 결코 두려움의 노예가 되지 않으며, 그 어떤 권력에도 휘둘리지 않는다"라고 말한 이유입니다. 이렇듯 우리는 삶을 준비하기에 앞서 죽음을 잘 준비해야만 합니다.

삶의 길이보다
더 중요한 것

죽음을 제대로 마주해야 하는 이유는 단순합니다. 죽음을 알아야 삶을 사랑할 수 있기 때문입니다. 죽음에 대한 성찰은 곧 삶에 대한 통찰입니다. 인생의 중요한 전환점에서 어느 방향으로 가야할지 고민 중이라고 가정해 봅시다. 만약 더 이상 내일이 존재하지 않는다면, 또는 몇 년 뒤 사랑하는 사람이 이 세상에 없다면 어떤 선택을 내리겠습니까? 삶을 영원한 재화로 여길 때와 죽음이 찾아 온 상황을 가정했을 때의 선택은 서로 다를 수밖에 없습니다.

프랑스 철학자 미셸 드 몽테뉴는 영원히 사는 삶이 얼마나 참기 힘들고 고통스러울지 생각해 보라고 말합니다. 또한, 죽음에서 쓴맛(고통, 두려움)이 나는 이유는 인간이 너무 성급하게 죽음을 끌어안는 것을 막기 위함이라고 이야기합니다. 즐거움과 고통이 공존해야만 삶과 죽음 그 어디에서도 달아나지 않을 테니까요.

세네카는 죽음이 일종의 과정이라고 생각했습니다. 모든 사람은 매일 죽음과 함께 인생길을 걷고 있기 때문입니다. 죽음의 많은 부분이 이미 진행되었고, 지금 이 순간에도 우리는 죽어가고 있습니다. 태어난 뒤로 유아기를 잃었고, 더 자라서는 청소년기를 잃었고, 곧 청춘도 잃어버릴 것입니다. 그러나 사람들은 죽음이 저 멀리에 있다고 생각하고, 자신과는 관련이 없는 문제로 여기고 싶어 합니다. 이러한 마음가짐은 '내가 얼마나 오래 살 수 있는지'에 집착하게 만듭니다.

세네카는 그보다 삶의 질이 훨씬 더 중요하다고 이야기합니다. 수명은 사람이 정할 수 없지만, 고귀한 삶은 누구나 선택으로 쟁취할 수 있기 때문입니다. '얼마나 오래 사느냐'가 아니라 '얼마나 잘 사느냐'가 중요한 것이지요. 흰머리와 주름은 그저 이 세상에 오래 존재했다는 사실을 보여줄 뿐이며, 진정으로 오래 '살았다'는 증거는 될 수 없습니다. 얼마를 살았든 하찮게 살았다면 그저 찰나의 순간을 살았을 뿐입니다.

드라마 〈눈이 부시게〉에는 아나운서 시험에 계속 떨어져 힘들어하는 주인공의 모습이 나옵니다. 이때 주인공의 엄마가 이렇게 말합니다. "잘난 것은 타고나야 하지만 잘 사는 거는 너 할 나름이야." 이처럼 매 순간 고귀한 삶을 살기로 선택하는 것만이 우리가 할 수 있는 영역입니다.

죽음은
삶을 사랑하게 하려고 존재한다

세네카는 〈폴리비우스에게 보내는 위로(De Consolatione ad Polybium)〉에서 '어쩌면 자연은 고통스럽고 가혹한 인간의 삶을 위로하기 위해 죽음이라는 시련을 모두에게 내린 것이 아닐까'라는 이야기를 합니다. 죽음이 모두에게 공평하다는 사실에서 위안을 찾은 것입니다. 실제로 우리는 '모든 인간은 반드시 죽는다'라는 보편적인 진리에 공정함을 느낍니다. 또한, 왜 타인에게 분노하고 화를 내냐는 말도 전합니다. 부자든 가난한 자든, 건강하든 병약하든 모두에게 죽음이 평등하게 다가오고 있으니 더 중요한 것에 집중하라고 강조하면서 말이죠.

그림책 《나는 죽음이에요》의 주인공은 '죽음'입니다. '생'이 생의 일을 하듯 '죽음'도 자신의 일을 합니다. 그러나 흔히 생각하는 두렵고 무서운 이미지와는 달리, 자신이 데려가는 생명에게 따뜻하고 다정한 모습으로 함께합니다. 떠나기 싫어하는 이의 등을 토닥이기도 하고 걷지 못하는 이는 안아 줍니다. 그 누구도 죽음을 피할 수 없기에 사람들은 모두 죽음을 걱정하고 두려워합니다. 그러나 우리를 정말로 힘들게 하는 것은 죽음 그 자체가 아니라 죽음에 이르게 하는 원인과 과정이 아닐까요?

세네카는 죽음을 향한 공포에서 벗어나면 죽음은 우리를 돕는 지혜로운 스승이 될 수 있다고 말합니다. 죽음이 늘 자신과 동행하고 있다는 사실을 떠올리면 삶아 있는 동안 조금이라도 더 나은 선택을 하고 싶어집니다. 또한, 조금 힘들고 돌아가더라도 의미 있고 옳다고 생각하는 길을 선택할 용기가 생깁니다. 유한한 삶이기에 생이 더 소중하게 느껴지는 것입니다.

오늘밤 무슨 일이 일어날지, 지금 이 시간이 계속 이어질지 그 누구도 알 수 없습니다. 죽음은 바로 우리 등 뒤에 있습니다. 더 이상 시간을 지체하지 마세요. 살아 있는 동안 주변의 사람을 더 힘껏 사랑하고, 지금 이 순간을 더 진실하고 충만하게 사세요. 이처럼 죽음을 생각할수록 삶을 더 사랑하게 되니 죽음에게 고마운 마음이 듭니다.

루시우스 세네카 B.C.4?~65

네로 황제의 스승으로도 유명하며, 당대 최고의 웅변가였으나 폭군을 선도하려는 이상과 복종할 수밖에 없는 현실 사이에서 많은 갈등을 겪었다. 황제를 암살하려 했다는 모함을 받고 자살을 명령받음으로써 죽음을 맞이했다.

"초라한 외면 대신 당당하게 직면하라"

하이데거의 실존

우리는 죽음에 대한 근심으로 삶을 엉망으로 만들고
삶에 대한 걱정 때문에 죽음을 망쳐 버리고 있다.

_ 미셸 드 몽테뉴

죽음에 대해 두려움을 느끼고 늘 그것을 생각하며 사는 사람들이 있습니다. 이런 사람들은 평소 가족들과도 화목하고 큰 문제없이 평온한 삶을 살다가도, 잠들기 전만 되면 자신의 생명이 언제 끝날지 모른다는 불안감과 두려움에 휩싸이곤 합니다. "내일 아침 나는 이 세상에 없을 수도 있겠구나"라는 생각에 괴로워하면서요. 항상 죽음의 공포에 떨며 지내는 게 아니더라도 어느 날 아침에 맞을 죽음을 생각하다 보면 불면의 밤은 길어질 수밖에 없습니다.

어떻게 해야 이런 생각을 극복하고 일상에서 죽음에 대한 불안감 없이 살 수 있을까요? 이런 사람들은 죽음의 공포에 휩싸여 있지는 않지만 이미 죽음과 직면한 상태입니다. 그리고 죽음에 대한 불안감에서 벗어나고 싶어 합니다. 마르틴 하이데거(Martin Heidegger)는 죽음의 현실을 직시하는 것이 우리의 존재를 이해하고 포용하는 데 있어 중요하다고 말합니다.

'그 누구도 아닌 사람'으로서의 삶

1889년 독일 제국 바덴 대공국에서 태어난 하이데거는 독일의 실존철학을 대표하는 철학자입니다. 그는 현상학(인간의 의식 구조를 분석함으로써 현상의 본질을 탐구하는 학문)의 대표 학자인 에드문트 후설의 제자이며 프라이부르크대학에서 총장직을 맡았습니다.

제2차 세계대전 당시 나치에 협력했기에 그의 철학적 업적은 부정당하기도 하고 현재까지도 논쟁이 계속되고 있습니다. 그러나 이러한 논란에도 하이데거는 20세기 가장 중요하고 영향력 있는 철학자로 여겨집니다. 현상학, 실존주의, 해석학, 포스트모더니즘 등등 현대철학의 거의 모든 부분에 지대한 영향을 미쳤기 때문입니다.

주요 저서 《존재와 시간》에서는 인간, 사물, 동물의 차이를 '존재한다'라는 생각을 할 수 있는지의 여부로 보았습니다. 여기서 존재한다는 생각을 할 수 있는 것은 인간뿐입니다. 하이데거는 사물과 다르게 '존재한다는 개념을 이해하는 존재'라는 의미로 인간을 현존재(dasein)라고 불렀습니다. 그의 이론에 따르면 무엇이 존재한다는 개념은 오직 인간만이 가지고 있습니다. 세계는 이러한 개념으로 만들어지는 것이기에, 결국 세계는 인간의 해석입니다. 그리고 인간은 언제나 세계를 해석하며 살고 있습니다.

하이데거는 현존재의 존재 방식을 본래적(eigentlich)과 비본래적(uneigentlich)으로 구분하고, 비본래적으로 사는 사람을 '세인(das man)'이라고 부릅니다. 이들은 다른 사람의 의견에 휘둘리며 다수의 행동을 모방하고 따릅니다. 대부분이 일상의 사건에 정신을 빼앗기고, 모두와 똑같은 의견을 말하고, 똑같은 행동을 하는 세인으로 삽니다. 일상에 파묻힌 채 죽음에 대한 불안을 잊고 살아가는 것이지요. 하이데거는 세인들이 자신을 상실한 채 오직 '그 누구도 아닌 사람'으로서 삶을 살아간다고 주장했습니다.

죽음을 마주하며 만난 자유

본래적으로 사는 삶이란 과연 어떤 모습일까요? 그는 모든 인간이 스스로 결정하지 않았음에도 이미 세계 속에 던져져 있다고 말했습니다. 이러한 상태를 피투성(geworfenheit)이라고 부릅니다. 피투성 상태에 있던 인간이 어느 날 무언가를 깨닫습니다. 언젠가는 결국 죽음이 온다는 사실 말입니다. 그리고 자신에게 주어진 유한한 시간 속에서 자신다운 삶을 살겠다고 결의합니다. 하이데거는 이처럼 스스로를 가능성의 길에 던지는 행위를 투기(投企)로, 현존재의 이러한 존재 방식을 본래적 삶이라고 정의했습니다.

오직 인간만이 자신에게 죽음이 다가오고 있다는 사실을 압니다. 하이데거는 어느 날 불현듯 죽음에 대한 불안과 마주한다면, 자신의 사명을 자각하고 그것을 다하기 위해 결의하라고 조언합니다. 다른 누구에게 결정과 책임을 미루지 않고 내가 원하는 삶을 위해 스스로 결단을 내리고 책임을 지겠다는 의미입니다. 이처럼 죽는 순간까지 본래적으로 삶을 사는, 죽음에 이르는 존재(sein zum tode)를 실존이라 불렀습니다.

하이데거에 따르면 인간은 죽음 앞에서 인생의 진정한 순간들을 만난다고 합니다. 그렇기에 죽음을 인식하고 불안한 마음을 가지게 된 것은 좋은 신호라고 볼 수 있습니다. 이는 본래적으로 사는 방식의 문 앞에 서있다는 의미이기 때문입니다. 자신의 감정을 무시하지 않고 온전히 마주하며 스스로에게 질문할 수 있는 기회입니다.

죽음을 바로 보면 마음 속 깊은 곳에 있는 가치와 사람에 대한 우선순위가 드러납니다. 중요하지 않은데 중요한 듯 보였던 일상의 많은 곁가지를 쳐낼 수 있습니다. 즉, 죽음은 존재의 한계를 나타냅니다. 이를 수용하고 인식하는 것은 삶의 깊이와 의미를 찾는 과정의 일부입니다.

하이데거는 일상의 루틴과 무의미한 고민에서 벗어나 존재의 의미를 깊이 탐구하라고 말합니다. 자신의 가치를 재평가하고 죽음의 두려움을 넘어선다면 삶의 진정한 의미를 찾아 인생을 더욱 풍요롭게 가꿀 수 있습니다. 다른 곳으로 시선을 돌려 외면했던 죽음, 이제는 진지하게 고민해 봐야 할 때입니다.

마르틴 하이데거 1889~1976

현상학, 실존주의, 해석학, 구조주의, 포스트모더니즘 등 대륙철학의 거의 모든 부분에 지대한 영향을 끼쳤다. 하지만 친나치 행각으로 인해 철학적 업적이 부정당하기도 하는 등 현재까지도 논쟁이 끊이지 않는 문제의 인물이다.

사별의 아픔을
극복하는 법

작별 인사에 낙담하지 말라. 재회에 앞서 작별은 필요하다.
그리고 친구라면 잠시 혹은 오랜 뒤라도 꼭 재회하게 될 터이니.

_ 리처드 바크

애니메이션 〈업〉의 주인공 칼은 소꿉친구이자 첫사랑이며
마지막 사랑인 엘리와 결혼했습니다. 둘은 어린 시절의 꿈인
파라다이스 폭포에 같이 가기로 약속했지만, 돈이 모일 만하면
현실적인 문제에 부딪혀 자꾸만 미뤄집니다. 노인이 된 칼과
엘리는 드디어 비행기표를 끊어서 떠날 계획을 하지만, 엘리의
몸이 점점 약해지더니 결국 세상을 떠납니다.

어린 시절부터 자신의 일생동안 거의 모든 순간 함께였던 아
내를 떠나보내고 백발의 칼은 삶의 모든 의미를 잃어버렸습니
다. 어떤 것에서도 재미를 느끼지 못하고 타인의 관심도 피곤
하기만 합니다. 아내와 함께 가꾸었던 집만이 칼이 머물고 싶

은 유일한 곳이며 집 밖의 세상에는 관심이 없습니다. 아무 것
도 하지 않고 그냥 이대로 집 안에서 아내와의 시간을 추억하
다 시간이 흘러 아내에게 가고 싶은 마음뿐입니다. 아내의 빈
자리가 너무 커, 가슴 속이 텅 비어버린 것 같습니다. 이 고통
에서 벗어나고 싶습니다.

칼은 아내를 잃은 슬픔과 상실의 아픔으로 괴로워하고 있습
니다. 또한 삶의 의미를 잃고 무력감에 빠져 있습니다. 지금 칼
에게 필요한 것은 무엇일까요? 어떻게 하면 슬픔을 극복하고
일상을 회복할 수 있을까요?

슬픔에 깃든
치유의 힘

인간의 죽음을 연구하는 데 일생을 바친 미국의 정신과 의
사이자 임종연구가 엘리자베스 퀴블러 로스(Elisabeth Kübler-
Ross)는 소중한 사람의 죽음이 힘든 이유가 슬픔이 아닌 상실
의 고통 때문이라고 말합니다. 그는 죽음을 앞둔 환자들을 진
심을 다해 진료하고 상담하는 과정에서 한 가지 중요한 사실을
깨닫습니다. 삶을 의미 있게 완성하기 위해서는 '어떻게 죽느
냐'에 집중해야 한다는 사실입니다.

사랑하는 사람을 갑자기 떠나보내면 더 이상 살아야 할 이유

가 없는 것처럼 느껴집니다. 그러나 슬픔의 다섯 단계(부정, 분노, 타협, 절망, 수용)를 경험하면, 처음 상실을 겪었을 당시에는 상상도 못했던 새로운 가능성을 안고 삶으로 돌아갑니다.

여기서 상실의 상황에서 겪는 슬픔의 초기 단계를 설명해 보겠습니다. 가장 처음 찾아오는 것은 상실감입니다. 죽음 이후 밀려오는 엄청난 상실의 아픔에서 영원히 헤어 나올 수 없을 것이라고 생각합니다. 이 상실감을 이겨 내기 위해 찾아오는 것이 부정의 단계입니다. 충격 받은 상태에 그대로 머무르며 사랑하는 사람이 없는 현실을 부정하고, 그가 없는 이 세상을 왜 살아야 하는지 의문을 갖습니다. 그저 하루를 버티는 것 말고는 할 수 있는 일이 없습니다.

왜 우리는 사실을 받아들이지 못하고 아파하는 걸까요? 사실 부정은 거대한 슬픔이 해일처럼 몰아치지 않도록 조절하는 장치입니다. 우리가 감당할 수 있을 때만 감정을 받아들이고, 감당하지 못할 때는 슬픔을 유보하도록 돕습니다. 그러다가 시간이 흐르고 우리가 감당할 수 있는 상태가 되면 다시 슬픔이 흐릅니다. 부정을 통해 스스로를 보호하는 것입니다. 그래서 사랑하는 사람을 떠나보낸 이들은 자신의 고통을 계속해서 누군가에게 이야기합니다. 이것이 바로 우리가 마음의 충격을 대하는 방법입니다.

부정을 반복하다 보면 어느새 부정 대신 상실이 마음속에 자리를 잡기 시작합니다. 이때는 반대로 타인에게 침묵하고 '왜 이런 일이 일어난 걸까?', '내가 그 일을 막을 수는 없었을까?' 하고 스스로에게 질문하기 시작합니다. 이러한 질문 과정에서 자신도 모르는 사이에 마음의 치유가 진행됩니다. 다음 단계를 위한 스텝인 것이지요. 사랑하는 사람의 죽음을 막지 못한 자신에게 화가 나고, 과거의 후회되는 일들이 마구 떠오르며 분노가 올라옵니다. 또한 죽음과 관련된 모든 이에게 분노의 화살이 날아갑니다.

분노가 수면 위로 올라왔다면 안심해도 됩니다. 이제 마음이 상실의 고통을 받아들일 수 있을 만큼 안정을 찾았다는 증거이기 때문입니다. 분노와 안정이 서로 어울리지 않는 감정이라고 생각할 수 있습니다. 그러나 분노는 치유를 위한 여정에서 꼭 필요한 감정입니다. 분노는 모습만 바꾼 형태로 외부로 표출됩니다. 괴롭고 끝이 없어 보일지라도 분노의 감정을 있는 그대로 바라본다면, 거대했던 감정이 점점 사그라들고 어느새 치유된 자신을 발견하게 됩니다.

분노 뒤에 오는 슬픔은 사랑하는 사람을 잃은 상실의 고통을 의미하는 것으로 자연스러운 감정입니다. 슬픔은 그 사람과 연결이 끊어졌다는 사실을 알려 주는 장치입니다. 여기서 중요한 것은 슬픔이 마음을 치유하는 과정에서 꼭 필요한 영혼의 식사라는 것입니다.

슬픔에는 치유의 힘이 있습니다. 오직 슬픔만이 가지고 있는 놀라운 힘입니다. 필요한 만큼 슬퍼하고 나면 마음이 기적처럼 회복됩니다. 여전히 상실의 고통에서 헤매고 있다면, 이는 충분히 슬퍼하지 않았기 때문입니다. 슬픔의 강에 빠져 나오지 못할 것이 두려워 건너지 않는다면 고통받은 마음을 치유할 기회를 영영 잃게 됩니다.

만약 슬픔이 두렵다면 애도를 '언제' 할 것인지 스스로 결정하고 그것에 따르면 됩니다. 그러나 우리는 종종 슬픔이 우리에게 내미는 치유의 손길을 거절하고 슬픔을 피하며 고통의 시간을 연장합니다.

삶과 사랑의 일부,
죽음

엘리자베스 퀴블러 로스는 슬픔의 다섯 단계 너머 다음 단계가 있다면 그것은 '의미심장함'이나 '의미 회복'이라 부를 것이라고 이야기합니다. 사실 상실은 극복하거나 회복해야 하는 대상이 아닙니다. 그저 사랑하는 사람이 죽은 뒤 그의 의미를 새롭게 찾는 과정일 뿐입니다.

만약 이 세상이 학교라면, 상실과 이별은 이 학교의 주요 과목입니다. 특히 상실은 삶에서 배워야 할 가장 어려운 과목입니다. 상실을 겪지 않으려고 아무리 발버둥을 쳐도 결국에는 겪게 됩니다. 그 사람의 목소리를 들을 수 없고, 만질 수도 없다는 사실이 우리의 가슴을 아프게 만듭니다. 그러나 삶은 곧 상실입니다.

인간은 상실 없이 성장할 수 없습니다. 사랑하는 사람을 잃는 것은 매우 아프고 고통스럽지만, 그 고통의 감정이 지금껏 나와 그가 사랑으로 연결되어 있었고 현재도 여전하다는 사실을 알려 줍니다. 사실 상실이라고 말하는 것은 사랑했던 사람을 '나의 것'이라고 이야기하는 것과 같습니다. 우리는 누군가를 소유한 적이 없습니다.

이제는 다른 의미로 그를 영원히 소유하게 됩니다. 그를 사랑하는 우리 자신의 마음과 사랑하는 사람의 마음이 죽음을 초월한 채로 연결되어 있기 때문입니다. 눈앞의 실체는 사라졌더라도 그와의 사랑은 여전히 마음속에 존재하고, 우리는 이것을 영원히 간직할 수 있습니다. 우리가 받은 사랑과 우리가 준 사랑은 영원히 사라지지 않습니다.

엘리자베스 퀴블러 로스 1926~2004

인간의 죽음에 대한 연구에 일생을 바쳤으며, 미국 시사 주간지 〈타임〉이 선정한 '20세기 100대 사상가' 중 한 명이다. 앞장서서 의사와

간호사, 의대생들이 죽음을 앞둔 환자들의 마음속 이야기를 들어 주는 세미나를 열고, 세계 최초로 호스피스 운동을 의료계에 불러일으켰다.

지혜롭게
나이 들고 싶다면

보부아르와 노년

몇 살인지가 중요한 게 아니라
어떻게 늙었는가가 중요하다.

_ 줄스 레나드

20세기 문학자이자 실존주의 철학자인 시몬 드 보부아르 (Simone de Beauvoir)는 어느 날 문득 거울을 보다가 자신을 바라보는 낯선 여자를 발견했습니다. 미래로 질주하는 급진적인 삶을 살았던 보부아르가 어느 날 문득 노년과 정면으로 부딪힌 것이지요.

누구나 살면서 한번은 노화와 마주합니다. 누군가에게는 평화롭지만, 다른 누군가에게는 사고와도 같은 순간입니다. 보부아르는 죽음 이후에 어떠한 것도 없다고 확신했기에 죽음을 두려워하지는 않았지만, 이와 별개로 노화의 과정은 두려워했습니다. 급진적 페미니스트이자 영웅이었던 보부아르는 자신의 노년을 거부하고 싸우며 평화롭게 마주하지 못했습니다. 그러나 결국에는 그도 자신이 노인이 되었다는 사실을 인정하고 받아들였습니다.

보부아르는 1929년에는 21세라는 최연소 나이로 철학 교수 자격시험에 합격했고, "자신의 손으로 역사를 실현해야 한다"라고 주장했던 철학자 사르트르와 결혼했습니다. 철학에서는 이러한 사회참여를 앙가주망(engagement)이라고 부릅니다. 앙가주망은 약속, 책임이라는 뜻을 가지고 있으며, 일반적으로는 '무엇인가에 연루되어 있음'이라는 의미입니다.

사르트르는 사회에 참여하는 것은 사회에 구속되는 것이지만, 그 사회를 바꾸는 것도 자기 자신이라고 주장합니다. 보부아르는 이러한 앙가주망을 지지했고, 이를 행동으로 옮겨 사회운동과 시위에도 적극적으로 참여했습니다. 불의에 대항하고자 노력했고, 1970년부터는 프랑스의 여성해방운동에 적극적으로 참여하여 여성 노동자들의 권익을 보호하고 가정 폭력을 막기 위해 앞장섰습니다.

보부아르는 '노인의 지위'가 자신이 주체적으로 만드는 것이 아니라 타인에 의해 주어진다는 사실에 주목했습니다. 노인의 운명 역시 한 사회의 필요와 이해관계에 따라 결정되어 왔다고 주장합니다. 또한, 자신의 저서 《노년》에서 '늙음'이 타인이 내리는 문화·사회적 판결이며, 노인은 하나의 인간 존재 그 자체로서 가치를 인정받아야 한다고 지적했습니다. 지금이 바로 노인이 겪고 있는 개인적·사회적 문제를 해결해야 할 때라는 말과 함께 말입니다.

의미 있는 노년을 위한 준비

보부아르는 나이가 들수록 스스로에게 솔직하고 개성을 잃지 않는 것이 중요하며, 자신의 경험, 선택, 정체성을 있는 그대로 포용해야 한다고 말합니다. 사회적 기대나 외부의 압력에 따라 사는 것이 아니라 자신의 원래 모습, 즉 참자아로 살아야 한다는 의미입니다.

흔히 노인을 허약하고 의존성이 강하며 가정이나 사회에 의미 있는 기여를 할 수 없는 무능력한 존재로 보는 경향이 있습니다. 보부아르는 여기에 굴복해 사회가 고정한 노년의 이미지를 연기하지 말고 자신의 능력, 관심, 욕구를 주장하라고 조언합니다. 또한 자신만의 고유한 특성을 지속적으로 탐구하고 표현하라고 조언합니다. 이는 나이와 전혀 상관이 없을뿐더러, 기존의 관심사와 새로운 관심사를 탐색하는 것은 여생을 잘 보내는 데 큰 도움이 되기 때문입니다.

그럼 어떻게 해야 이러한 삶을 살 수 있을까요? 가장 중요한 것은 자신을 잘 알고 스스로 진실해야 한다는 점입니다. 인생의 여정에서 겪은 성공, 실패, 기쁨, 후회 등을 인정하고 깊이 성찰하면 자신의 진실한 모습을 만날 수 있습니다. 일기를 쓰거나, 회고록, 자서전 등을 쓰고 다른 이들과 인생 이야기를 나누는 것 또한 큰 도움이 됩니다. 이러한 활동을 통해 자아를 명확하게 이해하고 자신이 진정으로 원하는 것을 선택할 수 있습니다.

삶의 부조리와 모순을 인정하라

보부아르는 동시대를 살았던 문학가이자 철학자 알베르 카뮈와 마찬가지로 삶의 부조리에 집중했습니다. 여기서 부조리란 삶이 이치에 들어맞지 않을 수도 있다는 것을 의미하며, 실존주의 철학에서는 삶의 의미를 발견할 가능성이 없는 절망적인 한계 상황을 나타냅니다.

우리는 나이가 들면서 삶이 부조리하다는 사실을 더 명확하게 느끼기도 합니다. 보부아르는 노화에 직면할 때 삶의 부조리와 모순을 인정하는 것이 중요하다고 말합니다. 사람은 나이가 들면 들수록 합리적이지 않거나 불공평해 보이는 상황을 자주 만나게 됩니다. 이러한 삶의 부조리를 인식하는 것은 힘든 일입니다. 그러나 보부아르는 삶의 부조리를 인식해야 자유도 찾을 수 있다고 말합니다. 삶의 본질적인 비합리성을 받아들일 때 우리는 비로소 노년을 맞이할 감정의 갑옷을 입게 됩니다.

젊은 날에는 통제할 수 있는 것이 많지만 나이가 들면 수용의 방향으로 중심을 이동하는 지혜가 필요합니다. 여기서 말하는 수용은 체념과 다릅니다. 체념은 수용을 가장한 수동적 저항입니다. 그러나 수용은 삶의 모든 측면이 자신의 통제 범위 안에 있지 않다는 사실을 인정하는 것이지 삶의 주도권을 포기한다는 의미가 아닙니다. 삶에는 정해진 것이 없기에 자신의 인생에 스스로 의미와 가치를 부여할 수 있습니다. 노인을 바라보는 사회적 기대나 연령의 한계와 상관없이 스스로 중요하게 여기는 방식으로 자신의 목적을 달성할 수 있습니다.

노화로 인한 변화는 신체적, 사회적, 인지적 한계를 가져옵니다. 그러나 실존적 자유는 이러한 한계에 의해 손상되지 않습니다. 보부아르가 말하는 자유는 자신의 관점, 사고, 태도를 결정할 자유입니다. 신체는 늙어가지만, 정신은 자신의 경험을 해석하고 반응하며 의미를 부여할 수 있는 자유를 여전히 간직하고 있습니다.

보부아르는 개인의 자유와 그에 따르는 책임을 중요하게 생각했습니다. 노년기에도 당연히 선택의 자유가 있고, 그에 따르는 결과에도 책임을 져야 한다고 보았습니다. 노화로 인해 나타나는 신체적, 사회적 한계가 있겠지만, 그럼에도 자신이 중요하다고 생각하는 가치에 따라 선택하고 그 선택을 책임지라고 조언합니다. 이는 '무엇'이 아니라 '어떻게'에 집중해야 한다는 의미입니다.

노화로 인한 신체적, 정신적 변화를 자연스럽고 당연한 것으로 받아들이면 평화롭고 만족스러운 삶을 살 수 있습니다. 지금부터는 당신의 손을 떠난 시간에 스트레스 받지 말고, 변화를 기꺼이 받아들이며, 당신이 서 있는 오늘이라는 정원을 가꾸는 데 집중해 보면 어떨까요? 지나간 과거를 받아들인 당신의 정원은 고통, 후회, 절망과 같은 부정적인 감정 대신 희망, 즐거움, 좋은 관계와 같은 긍정적인 것들로 가득 찰 것입니다. 아름다운 노을이 드리워진 채로 말입니다.

시몬 드 보부아르 1908~1986

"여성은 태어나는 것이 아니라 만들어지는 것이다"라는 말로 유명한 책 《제2의 성》의 저자이다. 철학자, 작가, 사회운동가, 페미니스트였다. 사르트르와 '계약 결혼'을 하기도 했던 보부아르는, 처음에는 사회주의자로 일관했으나 가장 혁명적인 좌익 사회에도 성적 불평등이 존재함을 알고 여성해방운동에 적극 참여했다.

어떻게 삶을
긍정할 것인가?

스피노자의 필연

삶이란 우리의 인생에 어떤 일이 생기느냐에 따라 결정되는 게 아니라
우리가 어떤 태도를 취하느냐에 따라 결정된다.

_ 존 호머 밀스

네덜란드의 합리주의 철학자인 바뤼흐 스피노자(Baruch
Spinoza)는 1632년 네덜란드의 암스테르담 유대인 공동체에서
태어났습니다. 스피노자는 종교 재판을 피해서 네덜란드로 이
민을 온 부유한 상인 가문 출신으로, 유대식 교육을 받으며 자
랐습니다.

뛰어난 지적 능력 덕분에 사람들은 그가 랍비가 될 것이라
기대했지만, 라틴어, 그리스 철학, 아랍 철학 등을 접하면서 더
이상 유대교의 가르침에 만족하지 못하게 됩니다. 성인이 된
스피노자는 르네상스와 데카르트의 사상에 큰 영향을 받았고,
1651년경부터 독자적인 사상을 갖게 됩니다.

스피노자는 기독교의 하느님처럼 세상을 창조한 뒤 외부에서 이 세계를 바라보는 인격신을 인정하지 않았습니다. 대신 신을 우리가 사는 세계와 동일시했습니다. 그는 오직 신만이 유일무이한 실체이며 존재하는 모든 것이 여기에 귀속한다고 주장합니다. 또한, 신과 자연을 이름만 다르고 실상은 같은 실체로 보았습니다. 이는 세상에 존재하는 모든 것이 자연이며, 신과 자연은 하나라는 의미입니다. 그는 세상에 존재하는 모든 만물 속에서 신을 보았고, 신에게서 만물의 존재를 보았습니다.

철학에서는 스피노자의 사상을 범신론이라고 하는데, 독일의 철학자 헤겔은 스피노자의 범신론을 무우주론(acosmism) 또는 무세계론이라고 불렀습니다. 스피노자의 철학 체계에서 세계 또는 우주는 실재하지 않으며, 이들을 포함한 모든 사물의 실재는 신의 가상(현상)에 불과하기 때문입니다. 세계를 신의 가상으로 보기보다는 신의 변형(변화)이라고 보는 것이 스피노자의 철학에 더 가깝습니다. 계속 변하는 자연 그 자체가 신이며, 변화는 신의 무한한 양태(모습)라는 의미입니다. 앞서 말한 것처럼, 세계와 신을 동일시한 것이지요.

또한, 그는 사물을 영원의 관점으로 관찰하려 했습니다. 우리는 모두 측량할 수 없는 거대한 자연에서 아주 작은 일부일 뿐이며, 자연에서 얽히고설킨 연관 관계 속의 일원이라는 의미입니다.

유대 공동체에서는 설득하고 협박하며 스피노자의 마음을 바꾸려고 했지만, 그는 자신의 신념을 바꾸지 않았습니다. 결국 유대교 랍비들은 그를 파문하고 유대사회에서 쫓아냈습니다. 또한 타인과 교제할 권리를 막았고, 그 누구도 그와 함께 살지 못하도록 명령했으며, 그의 책을 금서로 지정했습니다.

유대 공동체의 파문은 사형선고와 마찬가지였고, 가족도 그를 받아 주지 않았습니다. 파문 소식을 들은 스피노자는 두려워하지 않고 오히려 홀가분하게 여겼습니다. 그동안 공동체의 입장과 자신의 생각이 다른 것을 자유롭게 표현하지 못해 고통스러웠는데, 이제야 해방되었다며 속 시원해 했습니다. 자신의 유대식 이름인 '바뤼흐'도 '베네딕트'로 바꿉니다.

파문된 뒤 그는 자신의 신념을 더욱 자유롭게 펼쳤고, 독자적인 철학 체계를 구축해 갔습니다. 1677년 스피노자는 그의 인생에서 가장 유명한 작품인 《에티카》를 완성합니다. 그러나 이 책은 유대 공동체와 가톨릭 사회의 방해 때문에 그가 살아 있을 때는 출판되지 못합니다.

파문당한 뒤로 안경알을 세공하는 일로 생계를 유지하다가 44세에 폐결핵으로 세상을 떠납니다. 렌즈를 가공하는 기술을 익힌 이유는 스피노자가 광학(光學)에 과학적 관심이 있었고, 남는 시간에 학문을 연구하기 위해서였다고 보는 주장이 있습니다. 생전에 하이델베르크의 교수직처럼 보수가 넉넉하고 명예가 따라오는 일을 거부했던 것으로 보아, 스스로 소박한 삶은 선택했다고 볼 수 있습니다.

내일 지구에 종말이
온다 할지라도

스피노자를 생각하면 "내일 지구의 종말이 온다 할지라도 나는 오늘 한 그루의 사과나무를 심겠다"라는 말이 생각납니다. 사실 이 말은 스피노자가 한 말이 아닙니다. 유럽에서는 종교개혁자 마르틴 루터가 이 말을 했다고 알려져 있습니다. 출처와 별개로 스피노자의 철학으로 이 문장을 해석하면 '일어날 일은 필연적으로 일어나는데 인간은 알 수 없다. 그러니 불확실한 미래와 상관없이 오늘은 오늘의 일을 함으로써 자신의 의무와 헌신을 지속하는 것이 중요하다'라는 의미로 볼 수 있습니다.

스피노자에게 우주와 세계, 시간과 공간은 서로 하나이기에 시작과 끝이 따로 없습니다. 그러니 지구의 종말이라는 찰나의 변화에 연연하지 않고 자신의 갈 길을 가겠다는 뜻으로 해석할 수 있습니다. 스피노자는 머나먼 지구의 종말뿐 아니라 자신의 죽음도 두려워하지 않았습니다. 죽음을 두려워하는 마음은 필연(必然)을 이해하지 못해서 생긴다고 생각했습니다.

스피노자가 말하는 필연은 '인간이 무엇을 해도 운명은 바뀌지 않는다. 개인은 운명의 흐름에 아무런 영향력도 미칠 수 없다'라는 숙명론을 말하는 것이 아닙니다. 인간의 선택과 행동에 따라 결과가 달라질 수 있으나, 그 선택의 주체인 자신 역시 신(세계)의 한 부분이며 신의 사유가 전개되는 과정에 포함되어 있을 뿐이라는 것이 스피노자의 주장입니다. 다시 말해, 자신의 의지로 선택했다고 생각하지만 알고 보면 거대한 필연의 인과관계가 선택의 동기와 원인을 유발시켰다는 의미입니다.

스피노자가 생각하는 신은 사유와 연장(延長), 그리고 그 외에 무수히 많은 다른 속성을 포함합니다. 하지만 인간은 사유와 연장, 이 두 가지만을 알고 있습니다. 여기서 연장이라는 것은 망치나 칼과 같은 도구를 의미하는 것이 아닙니다. 스피노자는 세상의 모든 물체가 신이 연장(확장)되어 만들어진 존재라고 보았습니다. 사유와 연장을 조금 더 자세히 설명해 보자면, 우리 주위의 나무는 연장에 속하고 이러한 나무를 노래한 시는 사유에 속합니다. 그러나 나무와 시는 근본적으로 신, 자연, 실체라고 불리는 하나의 존재를 다른 것으로 표현한 것일 뿐입니다.

또한, 스피노자에 따르면 우리는 무한하게 거대한 무엇의 표현이기도 합니다. 예를 들어, 우리에게는 자신의 다리를 마음대로 움직일 자유가 있지만, 신체에 속한 다리는 그저 본성에 따라서만 움직일 수 있습니다. 다리가 몸의 의지와 분리되어 홀로 거리를 뛰어다닐 수는 없는 것처럼 말입니다. 스피노자는 인간 또한 다리처럼 거대한 전체 안에서 아주 작은 한 자리를 차지하고 있는 존재라고 말합니다. 어쩌면 우리가 신의 몸에 달린 다리일 수도 있다는 의미입니다.

스피노자는 자연의 모든 법칙을 모든 일의 내면적 원인으로 보았습니다. 신은 오직 자연 법칙을 통해서 드러나기에 외부적 원인이 아니라고 본 것이죠. 또한, 자연의 모든 일은 필연적으로 발생한다고 보았습니다. 이것을 결정론적 자연관이라고 합니다.

자유로운 인간으로 살아라

스피노자는 우리 안에 깃든 가능성을 자유롭게 발전시킬 때만이 자유로운 인간으로 사는 것이라고 말합니다. 스피노자는 어떤 행동이 긍정적인 면은 선하고 부정적인 면은 악한데, 여기서 부정적인 면은 인간, 즉 유한한 피조물의 관점에서만 악하게 보인다고 말합니다. 홀로 완전하게 존재하는 신 안에는 부정적인 면이 없다는 의미입니다. 그렇기 때문에 우리에게는 죄로 보이는 행동의 악한 면은 전체의 일부로 볼 때는 존재하지 않는다고 말합니다.

스피노자는 우리가 자신에게 일어난 사건을 외부 원인으로 생각하는 만큼 자유를 잃으며, 스스로 규정하거나 결정한 정도에 비례하여 자유롭다고 말합니다. 즉, 자신이 처한 상황이나 처지를 지혜롭게 이해한 사람은 지혜롭게 행동할 것이며 (스피노자 자신처럼) 남들이 불행으로 여길 만한 일을 만나도 행복할 것이라고 말합니다. 그래서 자신의 행동을 후회하는 사람이 이중삼중으로 비참해진다고도 말합니다.

영원의 관점에서 신이 가지고 있는 세계관과 비슷하게 세상을 바라볼 때 모든 것을 전체의 일부이자 전체의 선을 위해 필요한 부분으로 바라볼 것이며, 그렇기 때문에 악에 대한 지식은 부적절하다고 말합니다. 사실 스피노자의 이러한 사고방식은 인간을 공포와 두려움에서 해방시키고자 하는 바람을 담고 있습니다. 《에티카》에서 그는 "자유로운 인간은 죽음을 아무렇지 않게 생각하며, 죽음이 아니라 삶에 대한 성찰을 통해 지혜를 얻는다"라고 말합니다. 그리고 그 자신도 그러한 사유를 삶 속에서 그대로 실천했습니다.

유대 공동체에서 저주를 받으며 추방당할 때도, 떠돌며 핍박받을 때도, 심지어 죽음을 앞둔 상황에서도 그는 마음의 평화를 유지했습니다. 그는 자신의 철학을 믿었고 그것을 삶으로 실천했습니다. 논쟁을 할 때도 점잖고 합리적으로 참여하며, 상대방을 비난하지 않고 설득하려고 정성을 다했습니다.

스피노자는 죽게 된다는 사실을 두려워하고 한탄하는 것은 소용없는 짓이라고 말합니다. 죽음의 공포에 사로잡히면 죽음을 피해 원하는 것을 통제하고 참으며 노예 같은 삶을 살게 되기 때문입니다. 오해하지 말아야 할 부분은 스피노자가 두려워하지 말라고 말하는 죽음은 일반적 의미에서의 죽음입니다. 질병이 원인인 죽음은 치료할 수 있다면 적극적으로 치료하고 의료적 보살핌을 받아 피해야 한다고 말합니다.

스피노자는 죽음으로부터 오는 불안과 공포를 단호히 물리치고, 고요하고 침착하게 필요한 조치를 취하며, 가능한 우리의 관심을 다른 곳에 쏟으라고 강조합니다. 죽음 이외에 다른 불행 또한 마찬가지입니다. 스피노자는 불운을 아주 먼 과거부터 머나먼 미래까지 이어진 영원의 관점에서 보면, 즉 우주적 차원에서 보면 불운이 아닐 수도 있다고 말합니다. 어쩌면 이 불운이 궁극적 조화를 이루기 위한 일시적 부조화 상태일 수 있다는 의미입니다.

만약 불행한 일을 겪고 있을 때 시선을 우주로 이동시켜서 자신의 모습을 바라본다면, 또는 우리의 슬픔과 괴로움이 우주적 차원의 거대한 흐름에 속한 아주 작은 일부라고 생각해 보면 어떨까요? 고통스러운 상황에 빠져 깊은 절망에서 헤어 나

오지 못할 때 이 사건을 바라보는 또 다른 관점을 선물해 줄 안 경알이 되어 줄 것입니다.

삶을 긍정하라

스피노자는 《에티카》에서 '개체가 자기 존재를 유지하려는 힘 또는 자신을 지키고자 하는 노력'을 코나투스(conatus)라고 표현합니다. 스피노자는 이러한 '자신을 지키고자 하는 노력'이 모든 사물의 본질이자 본성이라고 말합니다. 스피노자는 코나투스가 인간의 정신적 측면과 관계할 때 그것은 의지(voluntas)가 되고, 인간의 정신과 신체적 측면 모두와 관계하면 욕구(appetitus)가 된다고 말합니다. 그리고 이 욕구가 인간 존재에 의해 의식될 때 욕구는 욕망(cupiditas)이 되며 그것이 곧 인간의 본질 자체가 된다고 주장합니다.

스피노자는 이 말을 확장해서 자기보존의 코나투스(conatus sese conservandi)라고 표현하기도 했습니다. 스피노자는 인간이 진정으로 보존하고자 하는 것은 이성적이고 영원한 자아이며, 코나투스의 완전한 표출을 행복이라고 보았습니다. 스피노자는 "무엇도 외적인 원인이 없으면 파괴될 수 없다"라고 주장할 때 자신을 지키려는 노력, 다시 말해 코나투스의 원리가 존재한다고 설명합니다. 그리고 자기를 파괴하려고 하는 것에 대한 저항이야말로 인간이 스스로 계속 존재하려는 노력이라고 말이죠.

이제 우리는 자신의 건강에 대한 고민이 스피노자가《에티카》에서 말한 코나투스의 일환이었다는 사실을 알 수 있습니다. 스피노자가 말하는 것처럼 거대하고 영원한 세계의 눈으로 자신의 삶을 바라보면 그 순간에는 불행이라고 생각했던 일들이 자신의 인생에 필요했던 경험으로 느껴질 것입니다.

또한, 우리가 죽음을 두려워하는 이유는 지금 누리는 것들을 오래 누리고 싶기 때문이라는 것을 알게 되었습니다. 가진 것이 많고 누려온 것들이 많다는 것을 알아차리며 죽음이 두려울 정도로 행복한 삶을 살고 있다는 깨달음이 오겠지요. 가진 것이 많아서 움켜쥐려고 했다는 생각을 하면 감사한 마음과 삶을 살아갈 의욕도 생깁니다. 스피노자가 말한 것처럼 죽음과 두려움이 아닌 다른 곳에 집중할 수 있도록 관심을 돌려 보면 더욱 의미 있는 인생을 살 수 있을 것입니다.

바뤼흐 스피노자 1632~1677

스피노자가 쓴 저작의 과학적 태도와 포괄성, 철학사적 중요성은 사후에도 오랫동안 인정받지 못했으나, 오늘날 스피노자는 계몽주의와 철학의 합리주의자 세 거두 가운데 한 사람으로 인정받는다. 헤겔은 모든 근대 철학자에 대해 "그대는 스피노자주의자거나 아예 철학자가 아니다"라고 말하기도 하였다.

삶으로
이어지는
철학의 여정

"인간에게 있어서 가장 아름다운 진실은 마음가짐이 바뀌면 현실도 바뀐다는 것이다."

소크라테스의 제자이자 아리스토텔레스의 스승인 고대 그리스의 철학자 플라톤의 말입니다. 이 말은 즉, 삶을 대하는 태도 하나만 바꾸어도 나의 지금이 달라질 수 있다는 말과 같을 것입니다.

어제가 힘겨웠나요? 오늘은 지쳐 쓰러질 것 같나요? 내일은 끝내 주저앉아 일어나지 못할 것만 같나요? 만약 당신이 어제까지 힘들었다 하더라도, 내일부터는 다른 삶을 살고 싶다면 철학으로부터 도움을 받을 수 있습니다.

독일의 철학자 칸트는 우리에게 철학을 배우지 말고 철학하는 법, 철학적으로 사고하는 법을 배우라고 말합니다. 생각하는 힘만 있다면 어디에서 어떻게든 지혜로운 삶을 살 수 있다는 말입니다.

이를 직접 실현한 사람이 있습니다. 프랑스의 철학자이자 정치인인 빅토르 쿠쟁(Victor Cousin)은 프랑스에서 철학사 연구전통의 창립자이자, 고등학교 철학 교습의 개혁자로 평가받고 습니다. 쿠쟁은 19세기 전반에 프랑스 고등학교 철학교육과정을 제정했는데, 이때부터 프랑스의 고등학교 3학년들은 1년 동안 무조건 철학 수업을 들어야 했습니다. 그리고 문과와 이과모두 철학을 필수 과목으로 배우게 했습니다.

쿠쟁은 고등학교 철학교육과정을 제정하며 철학 수업이 프랑스 대혁명 정신을 계승하는 연장선상에 있다고 주장합니다. 철학 수업의 목적은 엘리트를 양성하기 위해서가 아니라 교육을 보급하기 위함이며, 철학자를 양성하기 위해서가 아니라 독립적인 사고력을 갖춘 시민을 길러내기 위함이라고 공표합니다. 빅토르 쿠쟁이 생각하는 철학 수업의 목표는 '생각의 한계를 두지 않고 자유롭게 사고하는 것'입니다.

혼히 철학은 어렵다는 고정관념이 있죠. 실제로 철학은 쉽지 않습니다. 전문용어가 많고, 일상용어는 적으며, 개념에 대한 설명은 저 멀리 다른 세상에 존재하는 것처럼 느껴집니다. 하지만 책을 마무리하는 단계에 선 제가 바라는 것은 이 책을 계기로 여러분이 철학을 조금 더 가깝게 느끼게 되었으면 하는 것입니다.

고대부터 현대에 이르기까지 30명의 철학자들이 평생에 걸쳐 고민하고 사유했던 사상이 우리의 삶과 밀접하게 닿아 있다는 진실을 발견하면 좋겠습니다. 일상에서 만나는 크고 작은 고민과 질문들이 철학자의 생각과 연결되는 지점에서 서게 된다면 "아하!" 하는 깨달음으로 이어지기를 바랍니다.

30명이나 되는 철학자들의 이야기를 짧은 지면에 담으려다 보니 그들의 깊고 짙은 사유를 완벽하게 담지는 못했습니다. 만약 이 책을 통해 더 깊은 수준을 탐구해 보고 싶다고 느낀다면 철학적 삶으로 연결되는 문을 발견한 것입니다. 문을 연 다음에는 한 단계, 또 그 다음 한 단계로 풍성한 인생의 지혜가 가득한 철학의 계단을 오르게 될 여러분을 응원하겠습니다.

철학은 인생의 등불로써 기능합니다. 이제 철학을 알게 된 당신이 자신의 인생뿐만 아니라 다른 사람들을 위해서도 길을 비추는 등불이자 배려의 씨앗이 되면 좋겠습니다. 굳세게 자라 새싹을 틔우고, 푸른 잎이 무성한 나무로 자라나기를 바랍니다.

끝으로 이 책의 기획부터 완성에 이르기까지 함께한 유노책주의 김세민 팀장님께 감사를 전합니다. 세심한 방향 제시와 예리한 피드백으로 글을 쓰는 동안 안전한 등대가 되어 주셨습니다. 그리고 정신적으로 튼튼한 뿌리가 되어 주시는 부모님과 가족들, 언제나 곁에서 첫 독자가 되어 주고 진솔한 평을 들려 주는 든든한 반려 상군에게 감사합니다.

차라투스트라는 이렇게 말했다 | 프리드리히 니체 지음 | 장희창 옮김 | 민음사

비극의 탄생 | 프리드리히 니체 지음 | 성동호 옮김 | 홍신문화사

선악의 저편, 도덕의 계보 | 프리드리히 니체 지음 | 김정현 옮김 | 책세상

철학사전 | 철학사전편찬위원회 | 중원문화

뿌리내림 | 시몬 베유 지음 | 이세진 옮김 | 이제이북스

플라톤의 국가·정체 | 플라톤 지음 | 박종현 옮김 | 서광사

논리 - 철학 논고 | 비트겐슈타인 지음 | 이영철 옮김 | 책세상

아이라는 숲 | 이진민 지음 | 웨일북

니코마코스 윤리학 | 아리스토텔레스 지음 | 홍원표 옮김 | 타임기획

선의 군림 | 아이리스 머독 지음 | 이병익 옮김 | 이숲

용서하다 | 자크 데리다 지음 | 배지선 옮김 | 이숲

소유냐 존재냐 | 에리히 프롬 지음 | 방곤, 최혁순 옮김 | 범우사

사랑의 기술 | 에리히 프롬 지음 | 황문수 옮김 | 문예출판사

자유로부터의 도피 | 에리히 프롬 지음 | 원창화 옮김 | 홍신문화사

나와 너 | 마르틴 부버 지음 | 김천배 옮김 | 대한기독교서회

철학이 나를 위로한다 | 김선희 지음 | 예담

불안의 개념 | 쇠렌 키르케고르 지음 | 임춘갑 옮김 | 치우

반복/현대의 비판 | 쇠렌 키르케고르 지음 | 임춘갑 옮김 | 치우

의지와 표상으로서의 세계 | 아르투어 쇼펜하우어 | 권기철 옮김 | 동서문화동판

영화가 나를 위로하는 시간 | 윤지원 지음 | 성안당

쾌락 | 에피쿠로스 지음 | 오유석 옮김 | 문학과지성사

방법서설 | 르네 데카르트 지음 | 김진욱 옮김 | 범우사

프랭클 실존분석과 로고테라피 | 빅토르 E. 프랑클 지음 | 심일섭 옮김 | 한글

죽음의 수용소에서 | 빅터 프랭클 지음 | 이시형 옮김 | 청아출판사

인간의 조건 | 한나 아렌트 지음 | 이진우, 태정호 옮김 | 한길사

예루살렘의 아이히만 | 한나 아렌트 지음 | 김선욱 옮김 | 한길사

전체주의의 기원 | 한나 아렌트 지음 | 박미애, 이진우 옮김 | 한길사

몽테뉴 수상록 | 미셸 에켐 드 몽테뉴 지음 | 손우성 옮김 | 문예출판사

일상의 악덕 | 쥬디스 슈클라 지음 | 사공일 옮김 | 나남출판

의사소통행위이론 1,2 | 위르겐 하버마스 지음 | 장춘익 옮김 | 나남출판

존재에서 존재자로 | 에마누엘 레비나스 지음 | 서동욱 옮김 | 민음사

전체성과 무한 | 에마누엘 레비나스 지음 | 김도형, 문성원, 손영창 옮김 | 그린비

시간과 타자 | 에마누엘 레비나스 지음 | 강영안 옮김 | 문예출판사

탈출에 관해서 | 에마누엘 레비나스 지음 | 김동규 옮김 | 지만지

처음 읽는 현대철학 | 안광복 지음 | 어크로스

존 스튜어트 밀 자서전 | 존 스튜어트 밀 지음 | 최명관 옮김 | 창

공리주의 | 존 스튜어트 밀 지음 | 서병훈 옮김 | 책세상

긍정심리학 | 권석만 지음 | 학지사

실존주의는 휴머니즘이다 | 장 폴 사르트르 지음 | 박정태 옮김 | 이학사

존재와 무 | 장 폴 사르트르 지음 | 정소성 옮김 | 동서문화동판

장자 | 장자 지음 | 안동림 옮김 | 현암사

왕보다 더 자유로운 삶 | 에픽테토스 지음 | 김재홍 옮김 | 까치

순수이성비판 1,2 | 임마누엘 칸트 지음 | 백종현 옮김 | 아카넷

실천이성비판 | 임마누엘 칸트 지음 | 백종현 옮김 | 아카넷

세네카의 대화 : 인생에 관하여 | 루키우스 안나이우스 세네카 지음 | 김남우, 이선주, 임성진 옮김 | 까치

나는 죽음이에요 | 엘리자베스 헬란 라슨 지음, 마린 슈나이더 그림 | 장미경 옮김 | 마루벌

산다는 것과 죽는다는 것 | 루키우스 안나이우스 세네카 지음 | 혜원출판사

존재와 시간 | 마르틴 하이데거 지음 | 전양범 옮김 | 동서문화동판

인생수업 | 엘리자베스 퀴블러 로스 지음 | 류시화 옮김 | 이레

상실수업 | 엘리자베스 퀴블러 로스 지음 | 김소향 옮김 | 인빅투스

죽음과 죽어감 | 엘리자베스 퀴블러 로스 지음 | 이진 옮김 | 청미

생의 수레바퀴 | 엘리자베스 퀴블러 로스 지음 | 강대은 옮김 | 황금부엉이

노년 | 시몬 드 보부아르 지음 | 홍상희, 박혜영 옮김 | 책세상

에티카 | 베네딕트 데 스피노자 지음 | 조현진 옮김 | 책세상

러셀 서양철학사 | 버트런드 러셀 지음 | 서상복 옮김 | 을유문화사

위키피디아 https://en.wikipedia.org/wiki/Main_Page

지혜롭게 나이 드는 삶의 철학

니체처럼 사랑하고
세네카처럼 현명하게

ⓒ 윤지원 2024

인쇄일 2024년 2월 27일
발행일 2024년 3월 5일

지은이 윤지원
펴낸이 유경민 노종한
책임편집 김세민
기획편집 유노책주 김세민 이지윤 **유노북스** 이현정 함초원 조혜진 **유노라이프** 구혜진
기획마케팅 1팀 우현권 이상운 **2팀** 정세림 유현재 정혜윤 김승혜
디자인 남다희 홍진기 허정수
기획관리 차은영
펴낸곳 유노콘텐츠그룹 주식회사
법인등록번호 110111-8138128
주소 서울시 마포구 월드컵로20길 5, 4층
전화 02-323-7763 **팩스** 02-323-7764 **이메일** info@uknowbooks.com

ISBN 979-11-7183-013-8 (03100)